泊手

突き本

沖縄拳法空手道沖拳会
師範 山城美智 著

CHAMP

はじめに

正しい型の教えるものとは

プロ野球選手やプロゴルファーが、ボールをジャストミートした時、とんでもなくボールが飛びます。これは、一般の人がバットやクラブを振るのと見た目はそんなに違わないように見えますが、結果は明らかに違います。つまり、フォームというのは非常に繊細《せんさい》なもので、ほんの少し違うだけで力が発揮《はっき》できるかできないか、とても微妙《びみょう》なものなのです。空手における突き蹴りも同じです。フォームを正しくすれば威力《いりょく》は出ます。

では、正しいフォームとは一体何なのか？　これは空手の場合、「型」が教えてくれています。つまり、「威力」という点において型が教えてくれていることは、次のとおりです。

「任意《にんい》の位置に軸、または中心を作りだすことができ、そこを中心にして作りだす軌道《きどう》が正確に滞《とどこお》りなく、途切れることなく通って行くことができるか。遠心力を生み出すことができるか」

それでは、この力を正しく発揮《はっき》するにはどうするか？

その答えはいたってシンプル。そのためには、「正しい型」をすることです。「正しい型」とは、目的が戦いのためにある型のことです。

もちろん、型が教えてくれているものは、フォームだけではありません。戦いそのものを教えてくれています。

骨格は構造上、かなり複雑な回転軸と移動を行っているので、一見して「この動きなら正しい」と定義するのが難しい。しかし、戦略の中で刻々と変化していく状況の中で、相手の状態に対して自分の最良の選択をする。その方法そのものが型には秘められています。さらに、型を使う「感覚」自体も型が教えてくれるのです。

沖縄拳法空手道沖拳会
師範　山城美智

泊手突き本

目次

はじめに　正しい型の教えるものとは……3

序章　正しい泊手の純粋性……13
現在に繋がる泊手達人の系譜／凄まじき破壊力・武士國吉／空手座談会・本部朝基と武士國吉／中村茂・武士國吉の継承者／宮里寛・中村茂先生の一番弟子／私の中の「強さの常識」が崩れた日／百年先の空手のために／沖縄拳法の始まり　武士國吉と中村茂／中村茂と宮里寛／宮里寛と山城美智

第1章　型の本質に迫る……39
第1節　秘技に至る道「ナイハンチ」と「セイサン」……41
泊手の持つ鍛錬と戦いの極意／型・素手・武器の本当の関係／型の思考回路こそ極意／型から戦いの「動き・要素・発想」の全てを学ぶ／琉球

伝「泊手」の神秘／戦うとは「間合いを制する」こと／型を鍛錬することで、打撃力が増す／空手の本質「型」／再構築する戦略のナイハンチ

第2節　「型」の思考回路が生み出す戦いの本質……59

自在に威力を操る／突きの理想型ナイハンチの突き／突きを徐々に自由自在に使えるシステム／威力とは自他の重心移動／百年以上も前に確立されていたシステム／型の修練を積むことによって得られる効果

第3節　ナイハンチ「重心移動」の重要性……72

ナイハンチで学ぶのは「自分の中の重心」／重心の移動と身体構造、そして威力／「重心移動」を「威力」につなげる方法／威力を削《そ》ぐ「撓《たわ》み」の存在／強烈な威力の根源は「全身の重心」の固定

第4節　無意識下に仕込むための型鍛錬……87
打撃力再考、その本質／極意！それは「立ち方」の中に／日常的な動きを取るための立ち方の鍛錬／型を学ぶことで誰でも確実に極意を再現できる／「転がる球の動き」が分れば型が見える／ナイハンチの力の集中／「ナイハンチの突き」威力の解説／強烈な打撃力を意識下に仕込む／空手の「型」は宝の蔵

第2章　威力を持つ拳の条件を学ぶ……111

第1節　非日常的な力を身につける……113
手首の動きと前腕／上腕と前腕の関係性に見る威力／前腕の筋肉群／「握り」と重心移動／「摘《つま》み」と「握り」の違いを意識／「握り」の重要性について／「把握」という概念を分類する／握りの原理を解剖してみると／武器の鍛錬を行う理由

第2節　ベンチプレスでは、突きの威力は増さない！……138
打撃における遠心力と道具を使う遠心力／高等技術を分析・研究する必要性／ただの思い込みから構築された理論／空手の型の中に既に答えがある／格闘技をいかに力学的に解釈できるか／相手を弾き飛ばす力学的トリック／衝突直後の物体同士の形状変化に着目／Say OSS!!プロジェクトで行ったセミナー／遠心力で楕円の軌跡を描く突き／「ナイハンチの型」の鍛錬から理解する重心移動
第3節　強い突きを手に入れる・型と夫婦手《めおとで》……166
実際に使える攻撃に仕上げる経過／ナイハンチに見る重心移動と遠心力／泊手の極意、夫婦手《めおとで》の鍛錬／セイサンの突きに見る夫婦手／継承と感謝／なぜ夫婦手という「概念」なのか／注意の容量／間合いの変化で変わる鍛錬法

第3章　突きの本質、そして活用法……191
第1節　沖縄拳法の原理と継承……193
「伝統を受け継ぐ者」の義務／突きの物理的要素／打撃系格闘技における応用／沖縄拳法の打撃法における特徴
第2節　沖縄拳法の応用と活用……215
フルコンタクト空手への応用／競技空手の突きへの応用／「手の先」を利用した突きの方法／「手（tee）BODY WORK」とは
あとがき……236

空手・歴史秘話
青い目が見た空手……34
屋部軍曹と沖縄県立師範学校、そしてその後……54
那覇手・首里手・泊手の区別とは……109

序章

正しい泊手《とまりて》の純粋性

古来より伝わる泊手の型には、戦いに必要な要素のほとんどが含まれている。その要素を理解するためには、型の鍛錬を積む必要がある。しかし、どの型をどのようにやっても良いのではなく、その目的に沿った型を積むことが必要である。

グラウンドでのダッシュの練習が、算数の計算速度を速くすることには繋《つな》がらない。足を速くしたければダッシュの練習を、計算速度を速くしたければ算盤《そろばん》や暗算の練習をすることが当然必要となる。型も同じく、「戦うため」に型の鍛錬を積むなら、強さが得られるであろうが、「それ以外の目的」ならば、「それ以外の結果」しか得られない。

私たちは型を通して何を積み上げて行くか？　最初から決めてこの道に入っているはずなのである。予想外の収穫を得ることよりも、きちんとした種を蒔く、育てて得た収穫物のほうが、確実に収量が多くなるものなのである。

現在に繋《つな》がる泊手《とまりて》達人の系譜

沖縄拳法は泊手を習得した武士《ぶし》國吉《くによし》に始まり、代々積み重ねられ、時代に求められる強さとともに伝統を積み上げて最先端を求め続けました。

武士國吉は泊手に限らず、那覇手、首里手と戦うために徹底的に研究し、そして私は今、最先端の格闘技、競技において研究を続けています。この沖縄拳法の系譜《けいふ》は、「戦いの系譜」そのものです。沖縄拳法の系譜をご覧いただき、沖縄の「手《ティ》」の匂いを感じ取っていただきたいと思います。

凄まじき破壊力・武士國吉

武士國吉は久茂地村《くもじそん》（現在の那覇市久茂地）や泊村（現在の那覇市泊）では、とりわけ有名でした。その突きの威力は凄《すさ》まじく、シナジーと呼ばれる荷車の往来で踏み固められた道路に突きを打ち込んだところ、突きが地面にめり込んだという。めり込んだその深さは手首の辺《あた》りまであったという程の剛拳の持ち

現在に繋がる
泊手達人の系譜

崎山喜徳 筑登之親雲上
（武士崎山・崎山タルー）
1821 年～ 1904 年

▼

國吉真吉（武士國吉）
1848 年～ 1926 年

▼

中村　茂
1891 年 1 月 20 日～ 1969 年 1 月 21 日

▼

宮里　寛

▼

山城辰夫

▼

山城美智

主で、「ティージクンブシ（突きの達人の意）」とも呼ばれていました。

武士國吉は、晩年、那覇の泊村からヤンバル（沖縄県北部）へと移住しました。

そこへ県立師範学校を卒業し、首里手を修めた中村茂（1891年1月20日～1969年1月21日）が腕試しに訪問しましたが、一撃の下《もと》に倒されてしまいます。あまりの凄《すご》さに恐れ入った中村茂は、その場で弟子入りしています。

空手座談会・本部朝基《もとぶちょうき》と武士國吉

次のページの記事は、本部朝基をはじめとした、当時の空手家として活躍した方々の座談会の新聞記事で、この記事の中に武士國吉に本部朝基が師事したという話が出ています。当時は沖縄の空手には流派というものはなく、一人一流で、それぞれの優れたものを習い歩いていた時代で、その名残《なごり》を感じさせる話が残っています。

『昔の空手の先生方の話』の中で、本部朝基は、次のように述べています。

武士・本部朝基翁に「實戰談」を聽く！

青年唐手家主催・座談會（一）

唐手熱が縣内外に高潮してゐる折柄「唐手はどこまでも空論を排して實際的でなければならぬ」と主張する那覇首里の青年武術家團が集つて七日午後八時から辻上野屋で、唐手實驗家のナンバーワン本部朝基翁を圍んで「翁の實戰と体驗談」を聽く座談會が催された。集つた人々は那覇側の高嶺朝計　長嶺將眞　上江洲安義　首里の島袋太郎　仲武良齊　城花の宮里榮吉　縣學務課の柳澤七郎の各氏

六十の坂を越した老人とも思へぬ頑丈な体軀をどつしりと構へた本部翁を圍んで同好の士が水入らずの唐手武術談だけに、話もはずんで果ては本部翁自ら立つて若い者を相手に型や實際の場合の實演に壯者をしのぐばかり……以下は質問に應じて語られた本部翁の興味深々たる「若き頃の問題や實戰談」昔の先生方の逸話等である

ナイハンチの昔と今の差違

私達が十二、三の頃に敎へられたのと今とは拳の握り方が違つてゐる昔は平手だつた、突き(拳)は現在は前方に水平にしといつて下にさがつてゐるが昔はそんな手はなかつた　握つすぐにかへつて上にあがる心持ちで突くものだ、これは首里の松村の流れがほんとであると思つてゐる、佐久間先生のと松村先生のは同じ手(型)であつた昔の型は突いて拳を出して引く時腋下に引くことを習つてゐたが今のは突いて引く時脇腹に持つて來るこれは實戰には決して役立たない引く時力を入れるのがほんとうだが今の様に拳を突く時に力を入れるといふのは私には不思議でならぬ突く時は八分でも引く力は十分でありたい

昔の唐手の先生方の話

私は首里の松村や佐久間といふ名高い人に敎はつたが時々は泊の松茂良、國頭親雲上、糸洲、久茂地の山田親雲などから稽古したがその内でも私が心から氣持ちが合つた人は泊の松茂良と佐久間で、稽古の時にはうんと毆られたりしたがその時には佐久間先生は賞めたり叱つたりしてよく敎へて貰つた、あの人との入り組で私は實力がついて來てお互友達は子供扱ひにした程である泊の松茂良は私達より一寸位も高く五尺四寸位で体重も百二十斤位余く親のやうだつた、糸洲の手とは全然異つてゐた、佐久間も丁度松茂良と似て力のあることではほんとうの武士だつた

今の武術家と昔の武術家

今の若武士達は皆われわれの先生方と比較すると今の武士は武術家といはれる位に修業した者は居なかろう、まあ稽古する位にしか考へられない、私に言はせると現今實際の武者といはれるのは居ないね（寫眞は本部翁を圍む實戰座談會正面中央が本部氏）

「私は首里の松村や佐久間という名高い人に教わったが時々は泊の松茂良、國頭親雲上、糸洲、久茂地の山原《やんばる》國吉などから稽古したが、その内でも心から気持ちが合った人は泊の松茂良と佐久間で、稽古の時にはうんと殴られたりしたが、佐久間先生は賞めたり叱ったりしてよく教えてもらった」

このように、一度は習いながらも気が合わないと言って離れたようですが、実際の武士國吉の突きの評判に惹《ひ》かれたのだと思います。武士國吉は空手の歴史上、本当に一撃必殺のできた、当時突きの威力の凄まじさでは沖縄随一の恐るべき手《ティ》の使い手であったことが知られています。その先生から突きの極意を習おうと、本部朝基が足を運んでいてもおかしくはないでしょう。

当時の「武士」という呼称は、日本本土でいう士族階級のそれとは違い、階級を指すものではありません。その人となり、周囲からの評判と、その恐るべき実力からしか生まれない、「武人」を指す呼び名でした。自ら武士と名乗るのは恥ずべきことであったとのことです。

当時も「武士」と呼ばれる人は数少ない。有名な空手家のほとんどは武士と呼ばれていません。それだけ、重みのある、鍛錬を積み続け、実力を知られていないと呼ばれなかった。それが、武士だったのでしょう。

私も幼少時、村祭りで父・山城辰夫の演武の際、私の側《そば》にいたご老人が「あの足は武士の足だ。あんな足を今の人が作れているとは思わなかった。久しぶりに武士の足を見た」と、嬉しそうに語っていたことを今でも覚えています。私も子供ながらに誇らしく思ったものです。昔の人はきっと、ナイハンチを積み上げていたのだと思います。そうでなければ、あの足の形にはならない。段々と、父の足に似てきたと感じる私は、この足に違いないと、少し嬉しく思っています。

中村《なかむら》　茂《しげる》・武士國吉の継承者

中村茂先生は沖縄古来の手《ティ》の技術と鍛錬、そして、その思想を継承し、名護市東江に「沖縄拳法空手道修練所」を設立し、世に広めようとしました。

後に、中村茂先生は1960年2月5日、全日本空手道連盟より、十段範士の称号を贈られていますので、本土空手の皆様とは深い縁があるように思います。

沖縄拳法とは、中村茂先生のお言葉を借りれば、「沖縄の空手に本来、流派は無い。全てが『手《ティ》』だった。だから沖縄に伝わる空手、拳法でいいじゃないか。沖縄拳法でいいじゃないか」という、沖縄の空手における理想を目指した運動でもありました。

ですから、当初の意味合いとしては流派名ではなく、「沖縄の手《てぃ》」という、意味でした。そして、沖縄拳法とは「沖縄に伝わる『手《ティ》』」そのものを指しながらも、沖縄の空手統一という、活動の名称でもあったわけです。

宮里《みやざと》　寛《ひろし》・中村茂先生の一番弟子

中村茂先生は、様々な流派の空手の拡大時代の最中に、「沖縄の空手は一つになろう」と呼びかけ、沖縄中の空手家で集い、共に力を合わせて行こうという活動を行いました。

1961年（昭和36年）6月17日には、那覇の八汐荘で行われた「沖縄古武道協会幹部設立記念」にて、多くの空手の先人たちが集い、沖縄の空手道統合についての議論を重ね、和気あいあいとした中で、沖縄の空手道統合への賛同が得られるまでに至りました。

しかし、中村茂先生がお亡くなりになられた後は、各流派がそれぞれの発展を目指し、統合は成りませんでした。そして、結果的には沖縄空手の発展の時代へと進んだのです。

現在では、多くの流派がそれぞれに独立して発展し、時代は移り行き、沖縄拳法は中村茂先生の直弟子たちの流派名として定着しつつあります。

中村茂先生は多くの弟子を持たれましたが、その中の一人に中村茂先生の一番弟子であり、唯一の師範代であり、沖縄拳法の全ての技術・思想を継承した宮里寛先生がいます。

宮里先生に、私の父である山城辰夫が幼少時より師事しておりました。そして、その息子である私は、幼少の頃より父から厳しく指導を受けました。

私の中の「強さの常識」が崩れた日

ある日、父より「最後の仕上げは宮里先生に指導してもらいなさい」と言われ、名護《なご》市の宮里先生のご自宅を訪ねました。

当時、私は走り込みや現代的なトレーニングを研究し、ウェイトトレーニングなどで鍛えていました。既《すで》に65歳を超える老人である宮里先生に対し、「もうお歳だから、ご指導というのは難しいのかな……」と、失礼ながらも思っていました。

家に入り、ご挨拶を済ませ、数分間、親父との稽古の昔話を聞かせてもらっていたところから始まります。

しばらくすると、突然、「お前、外に出ろ」という宮里先生。

私が不思議そうな顔をしていると、「お前、僕の言うことを信じてないだろう。とりあえず外に出ろ」と、庭へ。

裸足で向かい合い、「とりあえず相撲をするか」と言われ、私は「では組むかな。歳も歳だし、怪我《けが》をさせないようにしないとね」と思いながら構えました。

「怪我をさせてはいけないから……」と思ったこの考えがいかに馬鹿な考えだったかということを思い知らされたのです。

「好きにかかってきなさい」との後に、２ｍほど離れたところに私が構えた瞬間、一瞬にして宮里先生の顔が私の胸に着くぐらい密着し、身動きがとれなくなってしまいました。

その稽古で幾度《いくど》となく真剣に抵抗するも、まったく敵《かな》わず、息が上がり、顔面蒼白《そうはく》になってしまいました。

先生は、「なんだ、辰夫の息子というから期待していたが、大して鍛えてないじゃないか。お前は何を稽古していたんだ」、と叱《しか》られてしまったのです。

それまでの人生で得た知識、思考、その他あらゆる常識を、一気にひっくり返される程のショックを受け、その後、先生のところへと通い詰め、何度も頭を下げ、ご指導をお願いしました。やっと許され、ご指導をいただくことができました。

そして、その後稽古の日々を繰《く》り返し、最後に「これはお前みたいな人間が現れなければ、私が墓場まで持っていくつもりだったよ」と、こうして沖縄拳法の奥深い技術や思想を継承することができたのです。

百年先の空手のために

人間の体は歳とともに衰《おとろ》え、動けなくなっていくのが普通です。しかしながら、宮里先生にお会いし、ご高齢でありながらも未だに実力を持ち、体力だけではなく、技術、精神の強さを現実のものとして目《ま》の当たりにすることができました。

私が筋力的な絶頂期、そして老いに入られた宮里先生、という出会いの妙《みょう》。この大きな喜びとともに、「空手の可能性」の大きさと深さに、喜びを感じています。

それを可能にする古来の「泊手」の素晴らしさ、継承された型と鍛錬法のすばらしさ、そしてそれを継承し、磨き上げてきた先人たちへの感謝の思いに突き動かされました。

そして、この喜びを自分だけのものにしてはもったいないと、これまで世界中で「沖縄拳法の思想・技術・稽古体系」の普及を行ってきました。

私は流派名だけではなく、國吉真吉先生、中村茂先生、宮里寛先生、山城辰夫先生の「想い」そのものを受け継ぎ、次代に伝えていきたいと思っています。また、中村茂先生が大事にした武士國吉の泊手の技術と型、思想を後世に伝えるべく、少しずつですが活動を広げています。以上が私に伝わる「沖縄拳法」についての説明です。

沖縄拳法の始まり・武士國吉と中村茂

沖縄拳法の名称は、沖縄拳法の創始者中村茂先生による名称です。空手に流派名というのが無かった頃、全ては沖縄の空手であるということで、「沖縄拳法」という名前をつけました。

しかし、ここにはもう一つの意味での沖縄拳法があります。これは沖縄拳法の始まりの話になります。武士國吉から現在に至る物語から、極めた人間の強さというものの極限、その匂いを嗅《か》ぎ分けてみてください。

中村　茂　先生

那覇の久茂地に喧嘩《けんか》っ早いが肝《きも》の据《す》わったハーリーの船頭がいるという話が残っています。これは石川文一さんの『琉球の空手話』という本の中にも掲載されていますが、武士國吉こと國吉真吉のことです。出身は那覇の久茂地でしたが、泊手を身に修め、当時の那覇手、首里手を悉《ことごと》く研究し尽くしていた人物です。当時、武士という呼称はよほどの武人でなければ呼ばれることのないものので、この時代はほんの数人の武士と呼ばれる人物しかいないことは、先に書いたとおりです。この一人が武士國吉こと、國吉真吉でした。山原《やんばる》（沖縄県北部）から那覇に薪《まき》を卸していたため、晩年は山原に家を構えて住んでいたそうです。

ある時、「那覇からすごい武士が来たそうだ」という話を聞きつけた中村茂は、友人を集めて「名のある武士を倒せば、名が上がるぞ。みんなで闇討ちをかけよう」と、友人二人で家に向かったそうです。このとき、中村茂は25歳前後、県立師範学校では糸洲安恒、屋部憲通らに首里手を教わっていました。宮里先生の話では、中村一族は類稀《たぐいまれ》なる剛腕の持ち主で、「彼ら一族は生まれながらに異様に力が強い」と評されていました。力溢《あふ》れる青年だったのでしょう。

しかし、武士國吉はこの時、68歳。百年以上前のほぼ70歳といえば、かなりの高齢の老人である。武士という名を冠しているとはいえ、相手が高齢の老人なら勝てると思ったのでしょう。それでも友人らを連れていくという、徹底した対応です。

ちょうど、風邪をひいて寝込んでいるという噂話を聞きつけた三人は、夜中に寝込みを襲う計画をします。外で張り込んでいた三人は、夜中に厠《かわや》へ出てくるのを待ちます。夜更《よふ》けに、一人厠に降りていく武士國吉を見つけます。当時、厠は家の外にあり、竹で囲われていました。三人は武器を持ち込み、用意しています。当時、武士とはそこまで恐れられていたという証拠でしょう。

二人は鎌《かま》や鍬《くわ》を持ち、一人は竹槍を持っています。厠に入ってしばらくして、一人が竹槍を厠に投げつけます。竹槍はそのまま竹の囲いを突き抜け、手応えを感じました。そしてその直後、厠の扉が開きます。三人はその光景に恐怖することとなります。

竹槍を後ろ手に捕まえて、背中に刺さる寸前で止め、そのまま武士國吉が歩いて出てくる。驚いた二人は武器を持って武士國吉に襲いかかりますが、二人は眉間を一本拳（コーサー）で突き込まれ、顔が潰れてその場で絶命する。
最後の一人、中村茂にその突きが顔面に突き刺さりますが、ほんの少しだけ眉間を逸《そ》れ、顔は潰れたが命は残る。

衝撃的な内容ですが、これは宮里寛先生が中村茂先生から直接聞いた話として私に伝えくれた話です。その後、中村茂先生はそのまま武士國吉に弟子入りしました。武士國吉から教わった手《ティ》は泊手の枠を超え、対那覇手、対首里手を徹底して研究して作られていたものだったといいます。そこから、中村茂先生は「これは流派を問うものではなく、どこの流派であっても倒すために作られた空手だ」という意味も込めて、「沖縄拳法」としました。

沖縄拳法の名称には、広く多くをまとめる求心力のための意味合いと、その全ての対応策を手に入れたという意味合いの二つがあったのでしょう。私はこの沖縄拳法の名称を誇りに思います。なぜなら、第一線で戦い続けた手《ティ》であるからです。こんな手《ティ》は他に類を見ません。

中村茂と宮里寛

時は流れ、宮里寛という青年が中村茂の作った「中村空手修練所」を訪れる。宮里寛は当時19歳、中村茂は55歳頃であろうか。北部の沖縄相撲では一、二位を争うほどの剛力と喧嘩強さをもった宮里寛は、ちょうど立ち寄った空手道場を眺め、「なんだ数人の男と数人の子供しかいないではないか」と、その道場主に詰め寄る。中村茂先生は名声を気にしない。だから人が強いと言おうが、喧嘩自慢や武勇伝を語る人ではなかったそうだ。そこで、宮里寛は「勝負しよう」として、立ち向かうが、あっという間にやられてしまう。その場で弟子入りをしたそうです。

次の話は、宮里先生からではなく、奥様から聞いた話です。それは次のような話です。

中村空手修練所で師範代を務めるほどであった宮里先生は、ある日の朝、奥様にこう告げて出て行ったそうです。

「今日はもう一度勝負してくる」その時、宮里先生30歳前後、中村茂先生は60前後。夕方、帰って来た宮里先生は奥様に一言、「勝てなかった……」と呟《つぶや》いたそうです。

巻藁《まきわら》は一撃でへし折り、レンガは地面に置いて数枚重ねても粉々に砕き、相撲で鍛えた地力と、沖縄拳法の鍛錬でさらに磨きがかかった猛者《もさ》宮里先生であっても、勝てなかったとは、そして、数年前まで私と普通に稽古をこなしていた宮里先生の凄さを知る私は、今でも信じがたいです。

宮里寛と山城美智

そしてそれから30年以上時は流れ、著者、山城美智25歳は父・山城辰夫にこう言われます。

「最後の奥義は宮里先生から習った方が良い。今ご健在なのだから、こんな機会はない」と。

一度も会ったことがない人でしたが、お会いしてみたいとも思ったこともありませんでした。当時の私はウェイトトレーニングではベンチプレスで１８０kgを持ち上げるほどの力を持ち、アスリート並みのトレーニングを積み上げていました。余程のことでは力負けも体力負けもしない。自信に満ち溢れた私は、「じゃ、とりあえずご挨拶にでも」という、軽い気持ちで宮里先生のご自宅を訪れたのが23ページに紹介した話です。

その稽古で幾度《いくど》となく真剣に抵抗するも、まったく敵《かな》わず、息が上がり、顔面蒼白《そうはく》になってしまったのは先に書いたとおりです。

空手・歴史秘話

◆青い目が見た空手

1816年に来沖したバジル・ホール艦長から80年後の1896年に訪れたウィリアム・ヘンリー・ファーネスが記録した当時の沖縄の民俗風習などについて『Life in the Luchu Island』という本があります。そこには女性の刺青の一種である、ハジチなども記載されており、当時の民間人との接触を積極的に行っていた様子が伝わってくる。その中で、子供の遊びや一般男性の遊びなどを見て、その様子やルールなどを記載している項があり、非常に興味深い記述を見て取ることができる。

We were told that the young men occasionally engage in boxing bouts, with bare knuckles; all blows are struck with the right hand, while the left is used solely as a guard. Clinching and wrestling for a fall are considered legitimate features of the sports. Rokushaku is another manly sport of the order of single-stick, with a staff about six feet long. Non-shaku is played with a stick about three feet long to which is attached a rope. The object of this game is to disarm the opponent by whipping the stick out of his hands.

【訳文】

私たちは、青年達が時々素手によるボクシングをやっているということについて話を聞かされた。そのやり方とは、すべての打撃を右手で打ち、一方左はガードとしてだけ使うものである。そしてクリンチ（ボクシングでは抱きつくこと）やレスリングのように相手を地面に押さえ込みをしたりするが、これはスポーツとして行われていることからだと考えられる。それとは別に行われている「六尺」というものは、約6フィートの長さの一本の棒を使う男性的なスポーツのことをいう。また、「ノンシャク」というのは、紐が付いた約3フィートの長さの棒で行われるものである。このゲームの目的は、ノンシャクを鞭のように使い、相手の手から武器を奪い取り、無力化することにあるのだという。

Dr. William Henry Furness 著『Life in the Luchu Islands（琉球諸島の生活）』19ページ。
1899年出版『The Library of Congress』USA 所蔵

このように、外国人から見た琉球人の動きや質は、まるでボクシングやレスリングを行っているかのように見ていることが伝わってくるのではないか。
そして、その動きの中にはレスリングとクリンチ、つまり沖縄相撲のように、相手と組んで投げるという動きも見られていることは、沖縄に元々あった「手《てぃ》」と「沖縄相撲」が同時に稽古されていた証拠となる証言であるといえると思われる。これは私たち沖縄拳法・泊手においても組んだ状態からの稽古、投げの稽古などが空手の技術にあり、空手は沖縄相撲とは深い関係があることがわかる。

ここでさらに面白い記述を見つけることができる。ロクシャク、つまりここでは六尺棒のことを指すであろうという記述と、ノンシャク、これはおそらく「ヌンチャク」の語源であると思われるが、紐の付いた棒を鞭のように振り回して使うということが書かれていることがわかる。（ここで個人的に興味深いのが、ヌンチャクという語源が他国での言語ではなく、○○シャク、つまり○尺という日本語であるということ）

ここで、この六尺棒、ヌンチャクも一般的な青年たちの間でゲームのように練習されていることも見て取れる。このことは、古い空手、つまり「手《ティ》」が総合武術として成立していたこと、そしてそれらは「民間で普通に公開され、稽古が行われていた」ということを、証明することになるだろう。

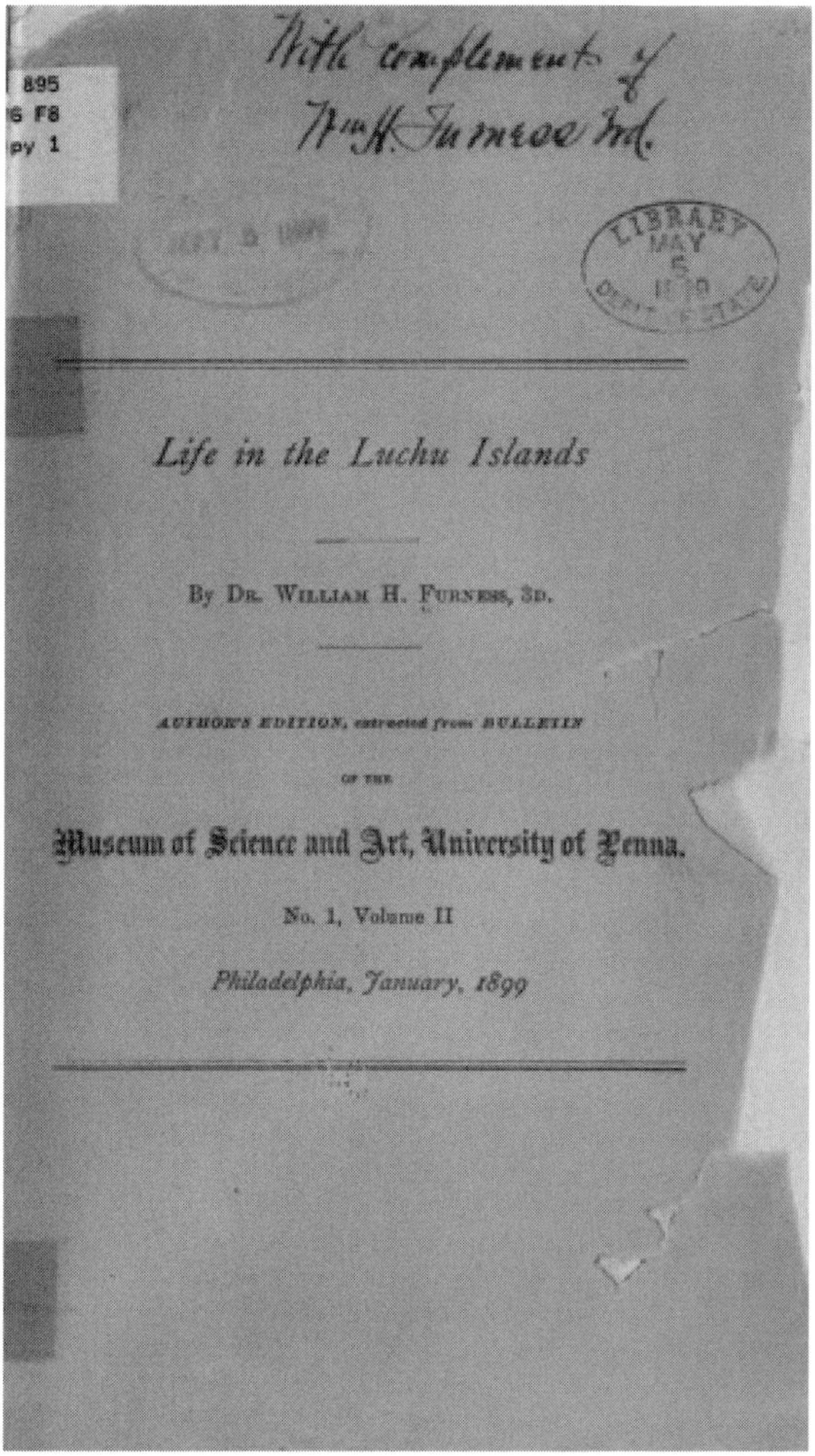
With complements of
Wm H. Furness 3rd.
LIBRARY
MAY 5
DEPT. OF STATE
Life in the Luchu Islands
By Dr. William H. Furness, 3d.
AUTHOR'S EDITION, extracted from BULLETIN
OF THE
Museum of Science and Art, University of Penna.
No. 1, Volume II
Philadelphia, January, 1899

このことからもわかるように、武士の階級が秘密裏に行っていた、閉鎖的な環境で行っていたものが「手《ティ》」であったとは言い切れず、むしろその逆に「手《ティ》」は沖縄相撲同様、広く一般的に青年男性が行っていた、「日常的なもの、風俗的なもの、文化的なもの」として考えるほうが当時の事情に一致するのではないか見てとることができる。

このことは非常に重要な、そして私が再三述べている「手《てぃ》の発祥と様態」を裏付ける資料となる。つまり、「手《てぃ》は一部の士族階級が武器を奪われ、隠密裏に素手での稽古を行ったことによって生まれたものである」、という説からはかなり程遠いことが琉球の歴史の中で定説にきたのではないか。手《ティ》は民間より生まれ、民間で育ち、いつの日か士族階級でも流行るようになった。そうとも考えられるのではないだろうか。

第1章

型の本質に迫る

第1章では、型の本質に迫る

沖縄拳法に伝わる型で、中心となるのが「ナイハンチ」と「セイサン」である。まずこの型の分類から述べておきたいと思う。

型には流派を問わず、「鍛錬」の要素として扱われる型があると思われる。沖縄拳法では「鍛錬」であり、「実用」である型が「ナイハンチ」と「セイサン」となる。

続く型は鍛錬の要素よりも、鍛錬によって養った力を場面ごとに使用する「技」の側面が強いのである。

第１節　秘技に至る道「ナイハンチ」と「セイサン」

沖縄拳法の極意とは基礎の鍛錬そのもの、そしてそれを理解して行く上で学ぶ、「注意点・口伝《くでん》」にある。外見上行われていることだけでは理解することはあり得ず、型は立ち方の重要性を理解することなしに極意《ごくい》に至ることもない。

そして、沖縄拳法には他には類を見ない最後の「奥義《おうぎ》」が存在する。その奥義は基本の中に全て含まれていて、稽古《けいこ》の中で育てることで初めて得ることができる。最後の最後の段階でいただくその奥義は、その過程を踏んだ者だけに価値があるものなのである。

泊手の持つ鍛錬と戦いの極意

「ナイハンチ」の型は、ご存知のように横の移動です。これには意味があり、最初から前に対して力を出す鍛錬をしてしまうことの問題点を解決するために、横の移動での型を行っていることを理解しなければなりません。

人間の体は前に進むという動きで力を出す、という思考を基礎に持ってしまうと、空手において「使ってはいけない力、筋肉」を使ってしまうことになります。そうならないように、横の動きと立ち方によって、空手で使うべき「力・筋肉・動きを」覚えます。そして「本来使うべき力」と「のびやかに力を出し切る」ということを身につけます。

「セイサン」の型では、横の動きで身につけたものを、前後左右全ての方向へと力を出し、「力の養成」と「その運用」を身につけることができます。ただし、これらは決して、「筋力の鍛錬」ではありません。

では、「鍛錬って、何?」と悩む人も多いと思います。たとえば、①「型の技を一生懸命練習する」これを鍛錬とする。②空手は突き蹴りが主体なのだからと、突き蹴りを徹底して行うことで鍛錬とする。③型の審査により評価を受ける選手たちならば、型をいかに素晴らしく行うことができるかを練習することをもって鍛錬とする。④筋力、持久力、瞬発力それぞれを鍛え上げれば、強くなるのだからとウェイト・トレーニング中心で行うことを鍛錬とする。

一体、何番が正しいのでしょうか?

それぞれの目的、それぞれの思想からすると全て正しいんだと思います。ですから、これから述べるのは、私どもの目的と思想の立場での「正しい鍛錬」ですので、誤解がありませんようにしてください。

型・素手・武器の本当の関係

たとえば、私のところでは、まず、第一に「**戦うこと=間合いの問題**」として、考えます。

接触した状態からは、「沖縄相撲《おきなわずもう》（沖縄角力とも書きます）」、ちょっと離れたら「突き蹴り」、さらに離れたら「サイ」、もうちょい離れたら「棒術」、さらに離れたら「サイを投げる」というように。戦うことと間合いの関係性を理解しなければなりません。

そうすると、「空手の練習をする」という、その先には「武器を使うことができないといけない」、となるので、そのための体作りを空手として考える面をもたなければいけません。つまり、**素手で使える技術が、武器を持った場合でも同じことができるようになって初めて、一連の技術体系として成立します。それを可能にするのが、ナイハンチ、セイサンなどの型だったのです。**

サイの型、棒の型はナイハンチ、セイサンの型の応用です。そうすると、そして、身体の無駄な力を完全に抜ききった状態から動作を行います。そうすると、武器の動作の鍛錬が、素手の動作にフィードバックされ、動きに無駄がなくなっていきます。

型の思考回路こそ極意

結局、手に入れたいのは、素手だろうが武器だろうが、相手に勝つための動きのできる身体と、その戦いのための思考回路を作り上げることです。私のところはその考え方を基本として、初めて鍛錬と呼びます。そのため、私どもの「鍛錬」と「実用」というのは、その積み重ねた力を用いて「相手と戦うための鍛錬」だという意味合いになります。

そして、年齢とともに衰えたり、体格差、筋力差で負けてしまわない体の作り方、動きの質を、ナイハンチとセイサンが養ってくれます。ナイハンチとセイサンの「実用」の面を語るならば、それぞれの型……多くの型に当てはまるかもしれませんが、**「型の流れそのものが戦略である」**ということです。

型に含まれる大きな役割として、鍛錬という要素のほかに、実用、つまり実際に戦うための「戦略」という要素があります。戦うということは、運動能力のぶつかり合いだけでは成り立ちません。戦うためには、「いかにして相手を倒すか」という、戦略を持たなければなりませんし、相手を倒せるための技術をも、持っていなければなりません。私がここで述べている「実用」とは、まさに戦うこと、そのものであると言っても過言ではありません。

型から戦いの「動き・要素・発想」の全てを学ぶ

では、型をどのようにして使うのかを考えた時に、戦いそのものを考えるとイメージしやすいかもしれません。戦うということは相手と向かい合うこと。そして一歩踏み込んで打つこと。または一歩踏み込ませて打つこと。このやり取りそのものです。

いかにして相手を一歩踏み出させるか、いかにして相手の攻撃を無効化し、こちらの最大威力の攻撃を与えるか。いかにして自分より大きく素早い相手に対し、こちらの打撃を打ち当てるか。そして、そこに「強烈な威力を乗せる」ことができるか、といったことが挙げられます。

型はシンプルな動作でありながら、その動き全《すべ》てに、今挙げたことが組み込まれています。**戦う時に必要な「動き・要素・発想」。そういった全てを型は内**

包し、鍛錬し続けることで型から学びとることができます。

たとえば、相手に一歩踏み出させるということは、「相手を誘う」ということです。相手の攻撃を無効化するということは、いかにして相手を「崩《くず》す」か、ということです。こうした技術の全てを型の中から学びとることができるのです。

琉球伝「泊手」の神秘

いかにこちらの最大威力の攻撃を与えるかということは、動きの「起こり」を無くし、「気づかれない動き」をもってして、相手に近づいて行き、鍛錬によって身につけた威力を相手に与えることです。

ナイハンチ、セイサンの型にはこの「誘い・崩し・威力」という、全てが込められています。それらのどの一つが欠けても、戦いというのが成り立ちません

んし、対応できません。

もし、相手が自分より弱くて体力もなく、体格も貧弱ならば、上記の「誘い・

崩し・威力」のどれかが仮に欠けていても、勝つことができるでしょう。しかし、体格も優《すぐ》れ、体力、気力のある者に対しては、「誘い・崩し・威力」の全てをしっかりと鍛錬しなければ勝機を得ることができません。

そして、それは筋力に依存することなく、自分の体をいかに効率よく運用するか、いかに相手と自分を理解するかに関わってくるものであり、体力的なもの、年齢的な壁を超えることができることだと思います。

戦うとは「間合いを制する」こと

私どもはこの型の鍛錬に加え、戦略上、そして戦いの中で最も重要な「間合い」を理解し、活用するための稽古として、沖縄相撲の稽古、押し合いの稽古、背中の鍛錬、組手、武器術等を行います。なぜこれだけの鍛錬を行うかというと、戦うということは「間合いを制する」ということそのものでもあるからです。

密着した状態の間合いでは、「沖縄相撲」を行います。少し離れた状態では手を合わせて「押し合い」を行い、自分の最大の間合いを理解し、さらに離れれば「突き蹴り」を行い、さらに離れればサイを行い、棒を行い。それぞれの間合いを理解し、習得することで、型や鍛錬によって身につけた力を最大限に活かせるようにしています。

間合いを理解し、戦略を持ち、威力を持つことにより、筋力に依存しない、スピード、パワーに依存しない、沖縄古来の「手《ティ》」の力を身につけることができます。

型を鍛錬することで、打撃力が増す

たとえば、型を学ぶことで単純に打撃力が増す、ということを解説してみましょう。

まず、ナイハンチ、セイサンの型を鍛錬する前に、私達は「ナイハンチ立ち」「セイサン立ち」という、基礎鍛錬を積み重ねます。父は宮里先生に習い始めたころの三年間、立ち方のみの稽古だったそうです。私も五歳から立ち方を鍛錬し、四年ほどは立ち方の稽古に費やしました。

その鍛錬の上に積み重ねるナイハンチ、セイサンの型の稽古があって、初めて「強烈な威力のある打撃」を養うことができます。

型はその場での移動ができない状態からの動作を行うだけではなく、全身を動かしながら、動作を繰り返します。その稽古により、今までばらばらに個別に動き分離して動いていた身体全ての移動を、「理想に近い動きで」一致させることができるようになり、さらに地面に接する踵《かかと》から繋《つな》がった力を、途切れることなく一瞬で重心移動とともに相手にぶつけることができるようになります。

腕の筋肉をいくら鍛えて、どんなに強い打撃を相手に打っても、それだけでは表面ではじけてしまいます。なぜなら**腕の筋肉だけが強いだけでは、相手に全身の力を伝えるための正しい骨格を維持できず、打撃の威力自体が反作用で自分にも返ってきてしまうからです。それを防ぐためには、型の鍛錬を通して「打撃に使う筋肉、骨格のルート」を身体に刷りこませ、相手に打撃が当たる点(拳、肘、蹴り等)に、全ての力と重心の移動による力の流れが集約するようにしなければなりません。その意味で、型は「打撃力養成法」であり、「力の集中力」を養う方法でもあります。**

以前、私が大学生に教えていたころ、その中に空手経験のない小柄で華奢《きゃしゃ》な女子学生がいました。その子が「私のように小さくても男性も倒すことができるような強い突きを身につけることができるでしょうか？」と、私に質問をしてきたので、試しにと思い、15分ほど型の力の流れのルート、力の集中力のできる動きを即席で教えてみました。

日ごろから稽古相手たちと打ち合って鍛えていた同年代の筋骨隆々の男子学生のお腹に、その女子学生が「ナイハンチの突き」を打ったところ、男子学生たちは悶絶し、後で腹を見ると黒い痣《あざ》ができていました。

即席でしたので、ある程度の威力までしか身につけられませんでしたが、型による打撃力養成法と力の集中力の一端《いったん》でも、身につけることができれば、体力・体格・性別・年齢を問わず、かなりの打撃力を養うことができる証明です。それを更なる鍛錬により増していき、型の持つ戦略と合わせることにより、より確実に相手に打撃の威力を伝えることができるようになります。

空手の本質「型」

空手において「型とは一体何なのか？」「型から一体何が学べるのか？」「型は、なぜ必要なのか？」。これらのことは誰しもが考えることだと思います。

型は単純な「運動」でもなければ、「トレーニング」の枠《わく》の中に納まりきるものでもありません。多くの先人が型を学び、型によって鍛え上げられ、型を活かして教えてきました。

型こそが空手の本質とも言えるかもしれません。型の中に様々な要素が組み込まれており、正しく段階を踏めば、型に対する疑問は自然と解けていきます。同時に型の持つ威力が本物だということを、自ずと知ることになると思います。

再構築する戦略のナイハンチ

私達の泊手の型はそう多くはありません。しかし、型を鍛錬する段階と上達するシステム、そして型自身が持つコンセプト、それらは明らかに系統立てられています。そして、その鍛錬の意義が明確に存在しています。

その意義はシンプルです。「戦うために、その前提として必要なこと」を教えてくれる、その基礎を養ってくれるものが型なのです。

では、「戦うために、その前提として必要なこと」とは何なのか？　それは「威力」であり、そして「戦略」そのものです。もし、一撃で相手を倒すことができる打撃力を持つならば、きっと数多い攻撃を打ち出す必要がなくなるでしょう。もし、どんな攻撃も極力最小限の動きで受けることができるならば、きっと大きな動きで相手の攻撃を避けたり、相手の素早い動きに対応するために、素早い動きを養うというトレーニングの必要が無くなるでしょう。

「突きの威力一つ」、「受けの威力一つ」で、戦略が大きく変わってしまうのです。そして、養った打撃力を相手に効率よく伝えることができるならば、一体どういうことになるのか。あらゆる常識的な戦略、戦うスタイル、自分の動きそのものを根底からひっくり返し、再構築することになるでしょう。

空手・歴史秘話

◆屋部軍曹《やぶぐんそう》と沖縄県立師範学校、そしてその後

次ページの写真のご老人（右）を皆様はご存知だろうか。沖縄では有名な屋部軍曹（屋部憲通《けんつう》）である。戦前、明治の頃より武勇で有名な屋部軍曹であるが、沖縄県立師範学校で武術教師として後進の育成を行なっていた様子が、写真として残っている（次ページ）。

屋部軍曹は著者の亡き祖父の元上官であり、よく共に稽古したという。子供の頃は祖父に屋部軍曹のすごさを教えてもらっていたことを思い出す。手では握りきれないほどの大きく分厚い琉球孟宗竹《もうそうちく》を両手で握り潰して引き裂き、半分は帯に、半分は襷《たすき》にしたという話には衝撃を受けたものだ。

屋部軍曹は当時の空手家では珍しく、実力も思慮も学識も深い人物であったとのことだった。その屋部軍曹の写真を見つけた時は、私も小躍りした。

私が知る限り、沖縄では今でも古老の空手家は「立ち方三年」という言葉を口にする。それは、先人たちから立ち方の稽古の重要性をしっかりと教わってきたからであろう。しかし、実際にこの三年を立ち方に費やしたのは、おそらく私が最後となっているだろうと思われる。

これは、「立ち方の稽古は三年やらなければわからない」という意味で伝わっている場合もあれば、私のような沖縄拳法の継承者のように「立ち方の稽古だけに三年費やすこと」だと習ってきた者もいる。しかし、今では「昔は立ち方三年と言って、立ち方を三年間練習するほど、重要だと言ってたんだよ」という、逸話程度にしか語られていないであろう。それがいつ頃からなのであろうか。もう一枚の写真をみればこのあたりのことが想像できるであろう。

この二枚目の写真にはナイハンチの型らしきものを

大勢の青年たちが行っている様子が見える。しかし、その様子は立ち方もバラバラで、動作もバラバラな様子が見られる。引き手も腰骨につけるような屋部軍曹の引き手と比べると高さもまちまちである。ここから何が見てとれるかというと、やはり立ち方の稽古というのが短縮され、型を覚えることから稽古を始めるようになったということが一番大きいだろう。

短期間である程度の空手を習得しなければならない、または指導しなければならないのだから、立ち方に三年の時間を割くような余裕はないだろう。おそらく、型を見よう見まねで覚えてもらい、型をいくつか覚えてもらい、数をこなしていたのであろう。これにより、空手の本質的は稽古体系は大きく変化していくこととなり、現在の沖縄を含むほぼ全ての空手において立ち方はそれだけで最初にしっかりと身につけるものではなくなったということになる。

私たち沖縄拳法においては、この立ち方を数年とは言わずともできるだけ徹底して身につけるようにしてもらうことで、初めて型の深さや根本的な技術を積み重ねていくことができるとしている。現代の忙しい社会人の方々に、立ち方だけ三年やってきなさいとはさすがに私も言えない。しかし、立ち方の鍛錬を積んだからこその今の私の技量であるからこそ、一人で稽古する時は立ち方でもいいから行なって欲しい。そしてそれが数年積み重なれば、型の稽古へと移り、そこからまた積み上げて欲しい。

これは科学的根拠を語ろうと思えば難しいことではないが、実際には先生と生徒、師匠と弟子の信頼関係を確認する最初の作業でもある。弟子が師匠を信じ、「まずはこれをやりなさい」と言われたことを信じて稽古する。そこからしか生まれない、師弟の愛情と理解がやはりある。そこからまた理解を深めれば、なぜ立ち方が重要であるかが見える。それを実感すれば、理論を伝えるよりもより深く、より確実に「立ち方の鍛錬が重要だ」と、次の世代にと伝えられるのではないかと思う。

第2節 「型」の思考回路が生み出す戦いの本質

型の威力《いりょく》を軽く考えてはいけない。型を技の集大成と考えていれば型から抜け出すことはできないし、筋力を作るための運動と考えていては型を打つ意味をいつまでも理解できない。

空手における型の真の意味を追求しなければ、本来の空手から少しずつ離れて行き、気がついたときには空手ではないものに辿《たど》り着いてしまうことになるからである。

自在に威力を操る

型の鍛錬により得られる力、そこから生まれる思考回路は、まさに「型の思考回路」そのものです。それを身につけるということは、ただ単に「技をこう使う」あるいは「筋力の鍛錬である」ということを超えた、「戦いそのもの」を体と頭に染み込ませることと同じことになるでしょう。

つまり、**体を少し動かせば体当たりとなり、少し腕を伸ばせば突きとなり、相手の攻撃に少し触れればそれが受けとなり、少し動けば崩しになる。型の鍛錬とは、そういう当たり前に必要な要素でありながら、なかなか得られない力を養うことでもあります。そして、「いったい何が威力なのか？」を理解する、そして自在に威力を操ることができるようになるのです。**

私は「型万能論者」ではありません。もちろん、型以外の鍛錬により養うべきことも多々あると考えています。戦う相手、稽古相手の存在があって初めて掴《つか》める間合い感覚、気迫。組手により養われる攻撃する精神と見極める精神力。それらは型だけの鍛錬では決して得られるものではありません。逆にその鍛錬だけでは本来の沖縄の「手《ティ》」の持つ素晴らしさのごく一部しか見えないでしょう。

突きの理想型ナイハンチの突き

私たち泊手である沖縄拳法では、「ナイハンチ」と「セイサン」という型を重視します。「パッサイ、クーサンクー、ニーセーシ」などの型もありますが、「威力」そのものの基礎的な鍛錬は「ナイハンチ」と「セイサン」の型にあります。

まず、「突き攻撃」にのみ着目して型を見てみましょう。

ナイハンチの突きは、私達泊手では「ナイハンチ立ち」で行います。「ナイハンチ立ち」とは、足の裏は平行にし、膝は決して動かないように外側に張り、独特の立ち方を決して崩さないように、そして体を上下に動かさないようにするもので、これを徹底して厳密に教えています。

しかし、なぜナイハンチ立ちの、こんなにも動きにくい状態で突きを打つのか？　多くの方々が疑問に持たれていると思います。実はこの注意点は口伝であり、私達沖縄拳法の泊手の鍛錬では最も重要視される点です。なぜなら、それがそのまま「戦いのため」に使われるコトだからです。

ナイハンチの突き（イラスト1）、それは「ナイハンチの型の中の突き」という意味だけではなく、私達にとっては「突きの理想形」そのものなのです。実際、私がナイハンチの突きを立ち方も全く崩さず、体を相手に寄せたりすることもなく、腰も動かさず、まさに型の中のナイハンチの突きを打ってみせるならば、その強烈な威力《いりょく》に驚くことでしょう。

ナイハンチの突きは独特でありながらも、「泊手」の突きそのものを体現していると言っても過言ではありません。「一撃で人を倒せる威力の突き」というのは、ナイハンチの突きのこと、そのものだと思います。

突きを徐々に自由自在に使えるシステム

ナイハンチの横だけに打つ突きの進化した型は、全方位への突きです。前に進みながら、瞬間的に移動しながら、そして下へ、そして体を引いてからも、それぞれの状況に応じた突きを稽古する。これはセイサンの型へと委ねられて

イラスト１
突きの理想形である、ナイハンチの突き。ナイハンチ立ちの足の裏は平行にし、膝は決して動かないように外側に張り、独特の立ち方を決して崩さないように、そして体を上下に動かさない。

います。

つまり、突きを徐々に自由自在に使えるよう、流れを持って覚えていけるシステム。これが型の中に含まれています。しかし……これだけではありません。ただ単に技術として見てはいけないのです。

ナイハンチの型は、おそらく多くの空手においても基礎であり、最初に習う型になるかもしれません。少なくとも私のところでは最初に習う型はナイハンチです。でも、ナイハンチの型で最初に学ぶ攻撃は……「肘《ひじ》打ち（イラスト2）」なのです。ナイハンチの型は、最初に肘打ち、次にその反対側への横に突き（イラスト3）、続いて両手を伸ばして突き（イラスト4）を打ちます。

この一連の突きの流れにより、攻撃を自分の一番近い場所……そう、胸の側（肘打ち）から突き、両手突き（体から一番遠いところ）へと、威力《いりょく》を移動させているのです。

・相手との戦いとは、「間合いを制すること」そのものでもあります。
・自分の間合いを知らずして、相手の間合いを理解することはできません。

イラスト2（上右）
肘打ち。

イラスト3（上左）
反対側への横の突き。

イラスト4（下）
両手による突き。

この一連の突きの流れにより攻撃の一番近い場所から遠いところへと威力を移動させている。

・自分の攻撃ができる範囲を知らずして、相手に攻撃をすることもできません。

・自分の攻撃を自在に制御できずして、相手に威力ある攻撃を伝えることはできません。

「威力」と「間合い」、この二つは実は密接にかかわりがあり、この二つを考慮せずして戦うということはありえません。ナイハンチで「自分が腕を伸ばして最大の間合い、最大に威力が出せる範囲」というものを理解し、そして威力を向上させることで戦う準備とします。さらに、セイサンによる「移動しながら全方位への突き」を身につけることで、自分の中から外への威力の移動を完全にコントロールできるようになります。

実際に相手に触れてからの間合い以上の間合いは、私達はお互いの手の甲を合わせて押し合う稽古、背中の鍛錬法、組手等を通して学んでいきます。組手は積み重ねた型の鍛錬、基礎を前提としてしか戦いの戦略は組み立てられません。ですから、型が戦いの基礎となること、そのものであると私達は考えているのです。

そのため、型は決して戦いと関係のない独立した鍛錬でもなければ、筋力トレーニングの類《たぐい》でもないのです。

威力とは自他の重心移動

そして、型はこれから説明する「いったい何が威力なのか？」を理解するための、そして自在に威力を操《あやつ》ることのできるための重要な鍵となるということなのです。

これにより、「型の思考回路」をまさに自分のものとし、「ああ来たからこうする」という、型を限定された条件の枠に押し止《とど》めることなく、型を本来の意味で自由自在に空手の全てに活かすことができるのです。

ではいったい何が威力なのか？

威力とはすなわち、「重心の移動」そのものです。

突きにおいては、「自分の重心」を移動させる。受けにおいては、「相手の重心」を移動させる。単純なようですが、このシンプルで、かつ根本的なことを体現するために、あらゆる稽古を行っているのです。そして、その移動は「最も効率が良く」「最も早く」「最も強い」動きでなければなりません。

皆さん、基礎の立ち方、型を思い出してみてください。それらは、丁寧《ていねい》な重心の移動と、全身の効率良い動きを求められているのではないでしょうか。

「型の鍛錬を積んでも、受け、突きには影響がない」とおっしゃる方もいらっしゃるかもしれません。しかし、私達泊手の稽古では、「基本の立ち方と型」により、「重心の移動」を研ぎ澄ませる稽古を行っているのです。

私は幼少時からナイハンチの立ち型を三年、ただそれのみを父・山城辰夫に教えられ、厳しい鍛錬を積まされました。それは決して「筋力鍛錬や忍耐力の鍛錬」などではありません。厳密に、正確に、そして自在に自分の重心が操れるようになるための、まさに「立つ、歩く稽古」そのものなのです。

そして、その立ち方の鍛錬はナイハンチ、セイサンの型の鍛錬へと繋《つな》がります。次には、徐々に対人稽古の押し合い・相撲・組手・武器術へと一連の鍛錬を行うことにより、自分の中から出て相手へと繋がり、相手に重心の移動による威力を伝える、相手の重心を自在に操ることができるようになるのです。

私は、現在では軽く手を伸ばす程度でも強烈な突きが出せるようになり、受けでは本当に軽く触る程度で相手の重心を自在に動かせるようになりました。

それはまさに**型によって得られた「自分と相手の重心を自在に使うことができる力」そのもの**なのです。

百年以上も前に確立されていたシステム

以上、泊手の型が教えてくれる「上達システム」のごく一部ですが、説明させていただきました。実際にその違いを体験してもらわなければ分かりにくいこともあるかと思いますが、先人の奥深い思慮と、その中のごく僅《わず》かな注意点などにより、簡潔《かんけつ》にまとめ上げた能力の高さの一端を知ることができるのではないかと思います。

一朝一夕で養われる力でもなく、目に見えて分かる成長でもないかもしれません。現代的な格闘戦略、筋力トレーニング理論と比較すると分りにくいところもあるかもしれませんが、この体系が百年以上も前に確立されていたことを考えると、感慨深いものを感じています。

型に対する取り組み、見方を変え、先人への敬意と感謝の念を皆様が持っていただければ、私も大変嬉しいことだと思います。

型の修練を積むことによって得られる効果

みなさんは、組手をしていて異様な感覚を覚える経験はないでしょうか？特に自分よりも遥《はる》かに上位の人と対峙《たいじ》した時、次のような感覚に遭遇《そうぐう》したことはないでしょうか？

・離れた場所に構えた相手が目の前からフッと消え、あっという間に拳が目の前に止まっている。

・相手はふわっとした動きなのに、こちらの全力で打つ攻撃が軽く往《いな》なされる。

もしくは、軽く止められる。

・どんなに素早く踏み込んで突いても、ゆっくりとした相手の動きに捉えられ、あっという間に投げられてしまう。

・どう見ても軽く突いているようにしか思えない攻撃が、強烈に自分の体を打ち抜く。

・なぜか隙《すき》だらけの相手に踏み込めない。または、なぜか吸い込まれるように誘われ、攻撃を打ち出してしまい、あっという間に制圧されてしまう。

これらは一部分ですが、「型の効果」なのです。「なぜ、型を行わなければならないのか?」「なぜ、型なのか?」の答えがここにもあるといえます。

第3節　ナイハンチ「重心移動」の重要性

型によって養う威力が、「重心の移動」そのものである。ここではその「重心」とは何か。その移動の際に起こる現象、自在に使うための注意点を明らかにしていく。ここでは、最初に学ぶナイハンチの型の中で、「重心の移動」がどのように使われているのか、ナイハンチの型がどのように教えているのかを述べたいと思う。

ナイハンチで学ぶのは「自分の中の重心」

泊手……沖縄拳法では、あらゆる効果を型によって得、それを使用し発展させていきます。戦うため、戦いに勝つため、そのための型の稽古。そういっても過言ではないのです。

では、なぜナイハンチの型を最初に行うのか、その必要があるのか。少しずつですが、大切なことに触れていきたいと思います。

ナイハンチの型がいったいどのようなことを行っているか？　それは、端的《たんてき》にいうと、**「自分の中の中心と重心をコントロールする。自在に使う、集約する稽古である」**といえます。

なぜ、敢えて「自分の中の中心」と書いているかというと、自分の中心を自分の中に置いておくことは、私達の稽古システムの段階でいえば初歩のことであり、基本だからです。そして、ナイハンチに続けて鍛錬する型「セイサン」においては「自分の中心を外に出す」という作業を行います。そのためにまず「自分の中の中心と重心」を理解しなければならないからです。

こうして段階を踏むことにより、実際の動きの中で自在に重心を移動させ、その作用により「受け、攻撃し、最大の威力を伝える」ことができるようになります。

また、武器術の鍛錬においては武器の重心を理解し、重いものを軽く、軽いものを重く使うことができるようになります。

この一連の鍛錬を通して、「重心」と「中心」を理解すること、そして「間合い」の理解をします。**この理解に到達することで、相手と直接触れる距離から、直接触れることのない距離まで自分の重心を相手の重心に作用させ、さらには精神にまで作用させることができるようになります。**

ここでは、ナイハンチの、特に「重心」と「中心」に関することを、述べてみたいと思います。

重心の移動と身体構造、そして威力

「重心の移動がなぜ必要なのか」ということについては、普段から「威力」のことについて考えている人なら、既《すで》に見えている部分があると思います。

まず、威力があるということは、自分の体が前進し、拳をぶつける、蹴り足をぶつける、体当たりするなど、体の移動が伴ったことであることはお分かりだと思います。しかし、その原理と効率性を考えると、ただ単に体当たり気味にぶつかれば威力が上がるというわけではないことに気づかされます。

たとえば、あなたが壁に対して体当たりをしたら、きっと体は張りつくように壁にぶつかり、姿勢も何もかも崩れ、そして場合によっては骨を折ってしまうかもしれません。

ただ単に体重があれば威力があるということはなく、実際には身体の構造、骨格の剛性《ごうせい》を考えなければ、いとも簡単に潰れてしまうということを意味しています。もちろん、これは壁のたとえですが、その体重を拳に集約し、相手の鍛え上げた体に打ち込むとするならば、身体の構造上の強さを持たなければ、関節部分で負けてしまうことは想像に難《かた》くないでしょう。型は、このようなことも考えて作られています

「重心移動」を「威力」につなげる方法

ナイハンチの型を解説する前提として、人間が立つ、動く、その時の重心の位置ということから考えなければいけません。

次ページイラスト5で示している円は、それぞれの重心の位置を示しています。また大きさは肉体の部位に影響を受ける重さであり、大きければ大きいほど、動かしている肉体は大きくなります。

まず人体の真ん中、ちょうど垂直に下した線を中心にして、大きく三つの重心があります。

①頭の重心
②上半身の重心
③全身の重心

補助的な重心として、以下の二つがあります。

④腕（肘《ひじ》）の重心
⑤脚（膝）の重心

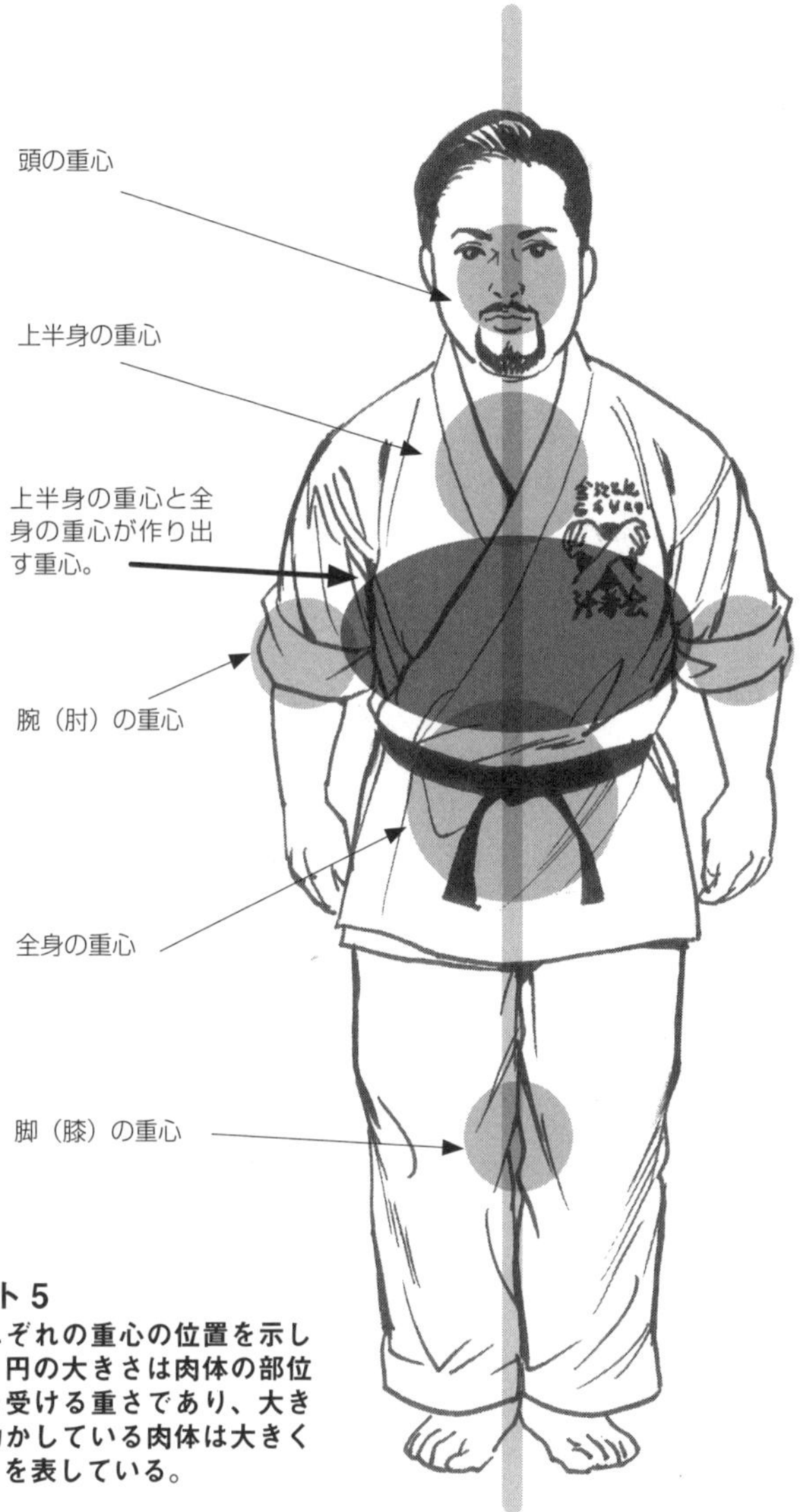

イラスト5
円はそれぞれの重心の位置を示している。円の大きさは肉体の部位に影響を受ける重さであり、大きいほど動かしている肉体は大きくなることを表している。

ただし、拳の握り、足先の固定により、形が変化するので補助的としておきます。

①から③までの三つが大きな働きをします。また、この三つの重心の動きが、「移動」となり、現在の場所から前方に全ての重心を進めることが「全体重の移動」となります。ところが、重心にはいくつかの性質があり、この性質を理解しないまま移動させると、移動が起こっているようでいて起こっていない、移動しているけど弾かれる移動であるという結果となり、決して「威力」にはつながりません。

「威力」を理解する上で、ここで「重心」の性質を整理してみます。

・大きい重心の移動が、他の重心への影響が最も強い。
・重心を集めると、大きな力になる。どれだけ多くの重心を集めることができるかが大事である。
・集める重心は移動方向に対して直列、直結で並べることが理想的である。
・大きい重心から動かすと、大きく慣性が働いてしまい遅くなる、または止

まりにくい。つまり大きい重心は動かしにくい。
・他の重心と連動して撓《たわ》みを作ってしまうと威力を削ぐ。自分の重心が相手に向かって行こうとするときに撓みを作った場合、移動しないことと等しい。
・任意の重心（相手の重心）と合成することが可能である。その場合、新しく任意の場所に重心、または中心を作る。

では、この「重心」が、型においてどのように働き、影響を与え、型が「重心」をどのように使おうとしているのか、ナイハンチの型を見ながら解説していきたいと思います。

威力を削《そ》ぐ「撓《たわ》み」の存在

まず、**「大きい重心の移動が、他の重心への影響が最も強い」**について。
体の中にある大きな三つの重心は、それぞれ関節により柔らかく繋《つな》がり、そして上下の重心はお互いに撓み合ってバランスを維持しています。たとえば、前傾姿勢になれば、頭、上半身の重心が前に傾くため、腰にある全身の重心を後ろに下げることにより、倒れたり崩れたりしないように制御《せいぎょ》しています。頭だけなら軽いかもしれませんが、胸のように大きな重心を動かせば、その分腰を引いて戻します。つまり、重心が前に出た分、どこかの重心を引き戻してバランスを取らないといけないのです。

この「撓み」により、どんなに力を入れて突いても、どんなに体当たりのように踏み込んでも、「突きの威力」は消えてしまいます。**「いかにこの撓みを消すことができるか」**ナイハンチの型は、まず最初にこれを教えてくれます。ではその「撓み」が起こった状態とは、どのような状態なのか？

次ページのイラスト6は、重心を中心とした（拳を除く）突きの状態を表しています。一般的に認識されている「突き」の姿で、前傾し、前に体重をかけています。

ナイハンチによる正しい姿勢による腰の形や、重心の移動、重心の合成の鍛錬を積まないまま突いてしまうと、このように、白い矢印で示すように前に出

イラスト6
ナイハンチによる正しい姿勢による腰の形や、重心の合成の鍛錬を積まないまま突くと、白矢印で示す前に出る重心と黒矢印で示す後ろに戻す重心が生まれてしまいます。

る重心と、黒の矢印で示す後ろに戻す重心が生まれてしまいます。

これは、人体が自分の体勢、空間における位置を維持するために反射的に行う姿勢の変化によって生まれる「当然の反応の結果」です。

肘《ひじ》にある重心を伸ばして突きを前に出しても、突きのための体の回転が体の中に残り、上半身の重心が前に出ても、全身の重心が後ろに下がってバランスを取ろうとしてしまうため、差引がゼロとまではいかないまでも、前に進む力はかなり相殺《そうさい》（互いに打ち消しあうこと）されてしまいます。

先に書いたように、相手に突きを打っても、表面で弾《はじ》けてしまって相手の内部まで入って行かず、「当たっても効《き》かない」ということの経験がこれです。それは、重心を相手にぶつけたつもりになっても、後ろに下がろうとする重心によって相殺されたり、前後の重心が「撓み」を作り、結局相手の内部に入っていく前に、表面で止まったり、点線で示しているラインでは正しい姿勢を作り出せていないために力の集中が崩れて、力が分散してしまうからです。

実際にそのようなことが起こるとは信じられないかもしれませんが、上半身の重心と、全身の重心は非常に重いために、お互いの重さを撓ませることによってバランスをとり、どちらかの重心が前に崩れれば、もう一方の重心を後ろに引く、そういうことを繰り返して……つまり、「撓み」を作って安定感を増しているのです。

人体は決して昔のガチガチの鉄骨ビルのような構造ではなく、現在主流の撓みを持たせたビルのような構造で、「揺れることで安定を作る」ことを選択しているのです。

もちろん、この撓むことが利点に働く場合もあります。たとえば「受け」や「捌《さば》き」「見せる動き」のときには、この撓みを使うことで最小の力で最大の受けの力、または「騙《だま》す動き」を生みだすことができます。ただ、初歩の段階において、攻撃をする際にはこの撓みはどちらかというと欠点のほうが大きいのです。

強烈な威力の根源は「全身の重心」の固定

重心の移動を伴わない撓《たわ》みは非常に知覚しやすく、戦いの最中、相手の動きの起こりを察知することができます。人は無意識にこの「撓み」、「体の揺れ」を観《み》て、「相手の動き」を判断しています。私はこれを「日常的な動き」と呼んでいます。

その日常的な動きから「非日常的な動き」の変化を利用することにより、「起《お》こり」を消すことができるようになり、相手が知覚しにくい動きを作ることにもなります。

ちょうど、能や琉球舞踊のように、「撓み」や日常的な「揺れ」の動きを一切消した動きは、相手に対して「幻想的」、「まぼろし的」な特異な世界を見せることとなります。この「非日常的な動き」を作りだすことこそ、型の稽古の真髄《しんずい》でもあります。

この撓みの問題を解決し、突き……に限らず攻撃の威力を相手の内部まで伝えるためには、この重心の撓みを無くす稽古……つまり、型による「上半身と下半身を繋《つな》ぐための姿勢の矯正《きょうせい》」を行わなければならないということです。

左イラスト7で見るように、ナイハンチの型の凄《すご》さは、常に重心が垂直に直列に並び、さほど崩《くず》れない……そして、ナイハンチの立ち方で「全身の重心」

イラスト７
ナイハンチの型は常に重心が垂直に直列に並ぶ。上半身の重心と全身の重心を合成した重心を作ることができ、強烈な威力の根源となる。

を固定しているために、上半身の重心が左右に揺れても、全身の重心を「ナイハンチ立ち」によって作り出される腰の形により、撓みを消すことができています。

また、上半身の重心と、全身の重心が作りだす重心を合成した重心を作ることができ、最も大きくあつめられた重心という、強烈な威力の根源を作りだすことができるようになります。

この、円で示される「上半身の重心と、全身の重心が作りだす重心」は、あらゆる動きの中において使われ、私達沖縄拳法の強烈な攻撃力の源となります。私はこれを「力の集中」と呼んでいます。

第４節　無意識下に仕込むための型鍛錬

ここで言う「力」とは「筋力」だけではなく、主に「重心」だということを理解していただけると思う。

私達沖縄拳法にとって、全ての技術において、どれだけ効率よく重心の移動を行えるか、そしてその結果生まれる「力」を自在に動かし「集中」させていくかということが重要なのである。それはそのまま相手との間合いを一瞬で埋める技術であり、強烈な打撃を生みだす根源なのだ。

打撃力再考、その本質

私どもの空手では一般的に思われる突きとは異なる発想で打撃力や技量を求めます。それは全て「重心の移動」により可能となる技術です。ですから、皆さんが思っている打撃力や技量とは異なる考え方かもしれません。

「一般的に思われている突き」、つまり相手に打撃（たとえばストレート等のパンチ）を与えるとは、次ページイラスト8のように体の中心に回転軸を置いた突きを行うこと、と考えられています。しかし、この状態の突きでは、突き手が前に出る分、引き手が逆方向になってしまうために「力」が相殺《そうさい》されてしまいます。

また、回転の中心が固定されてしまうと、前後の「力」の移動が行われないため、威力を出すためには結果的に前のめりになるか、前に踏み込みながらの攻撃でなければなりません。しかし、この発想では「重心の移動」と「上半身が生み出す威力」が連動せず、相互作用していないために矛盾《むじゅん》を抱えた状態となります。また、上半身と下半身がうまく連結できません。つまり、「重心の撓《たわ》み」に

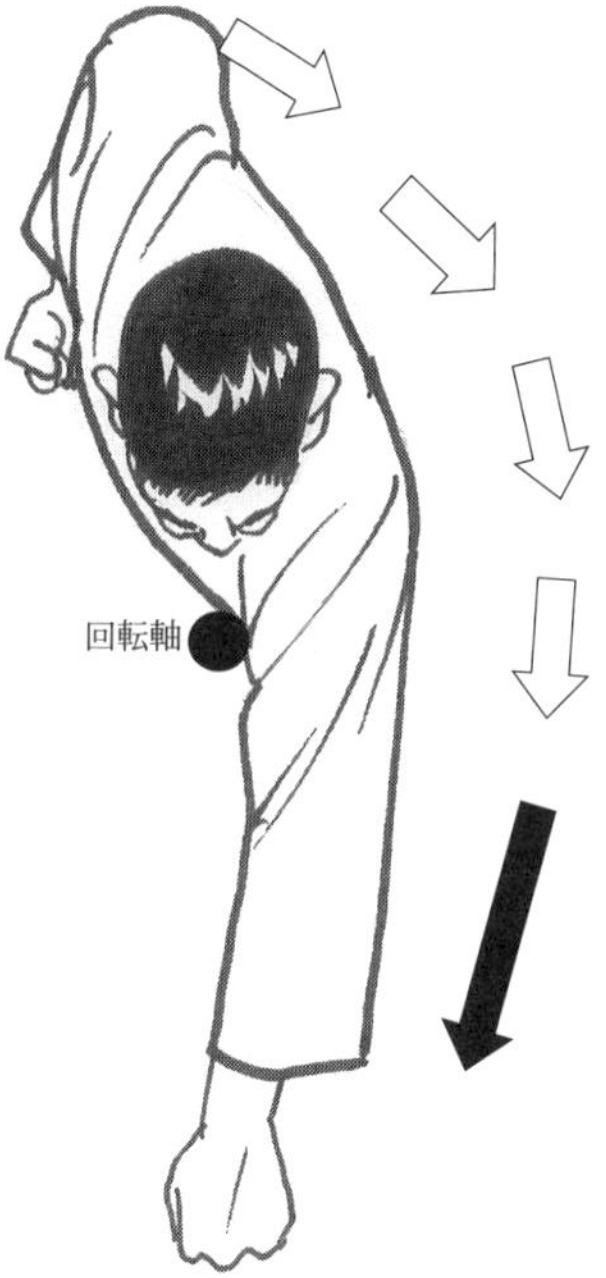

イラスト9
回転軸の中心を体の外部である、胸の前面に出すことで重心が連動・連結し大きな重心の流れを作ることができる。

イラスト8
一般的に相手に打撃を与えるということは、体の中心に回転軸を置いた突きやパンチを行うことと考えられている。そのために突きと引きとで打撃力は相殺される。

より上半身の重心と、下半身の重心が相殺《そうさい》し合って、結局重心の移動が起こせず、威力が生まれないという結果になりやすいのです。そこで、考えられた解決法が、イラスト9に示される動きを作ることです。この中心にある丸は、「全身の動き」を一つの円の軌跡《きせき》として考えた中心です。**回転軸の中心を体の内部に置くのではなく、胸の前面または、背骨の後面に出すことにより、全身の重心が円の軌跡に揃え、全ての重心が連動・連結し、最も「大きな重心の流れ」を作ることができます。**

この動きを行うことにより、相手の攻撃を吸い込むようにして捌《さば》いたり、ほんの少し手を伸ばす程度の動きにしか見えない動きで、強烈な打撃を生みだすことが可能になるのです。

では、一体この動きはどこで養うのか？　このような疑問が湧《わ》くと思います。それがナイハンチの型、セイサンの型などの「基礎の型」といわれる型なのです。

極意！　それは「立ち方」の中に

「力の集中」による重心の移動と型の鍛錬の関係において、最も重要であり、**基礎中の基礎、極意ともいえる鍛錬があります。それが「型の立ち方」の稽古なのです。私どもが稽古する立ち方は主に二種類あります。まずは「ナイハンチ立ち」、そして「セイサン立ち」です。**

沖縄では昔から「立ち方三年」という言葉があります。昔の沖縄空手を稽古してきた方々は、必ず耳にした言葉です。私は幼少時から、「ナイハンチ立ち」の稽古だけを三年間、父・山城辰夫に鍛えられました。

恐らく立ち方の稽古にのみ、これだけの時間を割いているところはほとんど無いかもしれません。実際、そこまで鍛錬する意義についても、今の時代にそぐわないかもしれません。しかし、立ち方の鍛錬は、ただ単に足腰を鍛えるだけではありません。それなら、スクワットやウェイト・トレーニング、走り込み等を行えばいいだけのことです。

なぜ立ち方なのか？　そこが重要な点であり、「手《ティ》」を理解するためには、避《さ》けて通れないところです。

日常的な動きを取るための立ち方の鍛錬

人間の体は、前後に動くためには体の撓《たわ》みを使い、上半身の重心と全身の重心でバランスを取り合います。そうすると、体の撓みを使って動くことが重心の移動の基本となり、これが「日常的な動き」となります。

日常生活では問題ないのですが、相手に打撃を与えたり、相手の攻撃を避けたりする、または惑《まど》わすような動きをするためには、この動きだけではできません。

日常生活に染《し》みついた動きを消すために、一旦《いったん》「ナイハンチの立ち方」の稽古をします。ナイハンチの正しい姿勢で重心の統御《とうぎょ》と、上半身と下半身を繋《つな》ぐ姿勢を作り、横への重心移動の稽古により、重心を揃え、動かし、撓みを消す動きを身につけます。

次ページイラスト10の太い線は、それぞれの場所で撓みを生みやすい部位を示し、繋ぐ正しい姿勢を作らなければならないということを示しています。①は頸椎《けいつい》、②は胸椎《きょうつい》、③は腰椎《ようつい》において「正しく繋ぐ」ことが行われます。それにより、全身が一つの「塊《かたまり》」となり、ほんの少し動くだけで強烈な打撃を生みだすことができるようになります。

また、相手に悟られない動きを体現し、相手が「見ていて気づかない」突きを打つための「拳から動く突き」、「相手の先《せん》を取る動き」が可能になります。

しかし、それだけでは実用的な動きにはなりません。その揃《そろ》った重心を、今

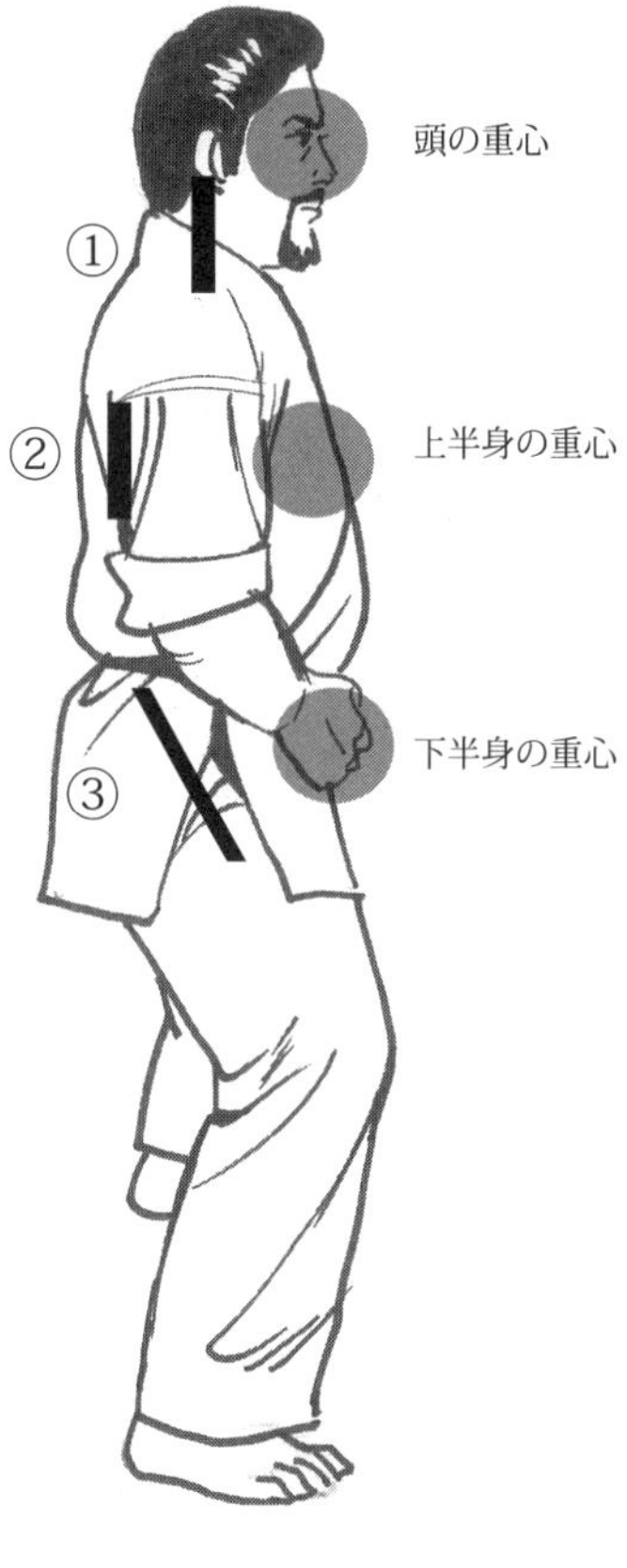

イラスト10
上に置かれた太い線は、それぞれの場所で撓みを生みやすい部位を示している。これらを繋ぐ正しい姿勢を作らなければならない。正しく繋ぐことができると全身が一つの塊となり、強烈な打撃を生み出す。

度は前方に進める稽古をしなければなりません。その基本が「セイサンの立ち方」の稽古です（イラスト11）。

型を学ぶことで誰でも確実に極意を再現できる

ナイハンチとセイサンの型は一つのセットとなり、「実と用」を体現するために重要な力を養います。

なぜこれ程立ち方の稽古に言及したかというと、**型というのは立ち方の動きに手の動きを合わせた稽古です。立ち方の稽古によって得られた重心の移動を手の動作と合わせ、自在にまとめて動かすことができるようにするものなのです。**

もし、立ち方の稽古を抜きにして、型の稽古、技の稽古だけ積むのならば「できる人にしかできない技」しか生まれません。

昔の空手……「手《ティ》」は、長い歴史の中、沖縄の中で研ぎ澄まされた継承《けいしょう》武術です。沖縄拳法はシンプルでかつ、受け継がれなければならない高い技量があります。

イラスト11
揃った重心を前方に進める稽古が必要となる。その基本がセイサンの型であり、セイサンの立ち方である。

もし、誰かの思いつきや、誰か身体能力が特別高い人間だけが受け継げるのならば、とっくの昔に消え去っていたでしょう。

立ち方による正しい姿勢と重心移動を身につけ、型の動作により重心を自在に動かす稽古を積むことで、「誰でも、着実に、確実に」力の集中を行うことができるようになります。大事なことはそこにあるのです。それは、「誰でも基礎から学べば、頭と体と心全てで理解でき、体現できる」ということなのです。

それは結果的に「型の存在意義」であり、立ち方などの基礎鍛錬がウェイト・トレーニング等と入れ替わらない、入れ替えてはならない根拠でもあるのです。ですから、型というのはある一つの型単体で「この型だけが良い鍛錬だ」とか、「動きが速いことが大事だ」ということは、私は考えていません。

ここでは、ナイハンチの型について多く触れていますが、ナイハンチの型だけがすばらしい稽古だとは思っていませんし、それだけでは身につかないものが多過ぎます。

「転がる球の動き」が分れば型が見える

人間は前方に動くとき、ちょうどボールが跳《は》ねるように、放物線を描くように動いていています。このボールの跳ねる動きとは、人間が日常的に行っている動きです。この跳ねる動きを人は、「今から動く」「あ、動いた」などと認識します。つまり人は人の動きを日常的な動きと比較して理解しようとしているのです。ところがこの「跳ねる」という動きがなければ、人間はそのものが動いたということが理解できません。見えないのではありません。「見ているのだけど、認識しない」のです。

ちょうど組手の選手が、最初はステップで上下に動いていながらも、相手に攻撃する瞬間は滑《すべ》るように入れば当てやすい、または相手の目線に向かって真っすぐ飛びあがっていくように入ると、相手は「見ているのだけど、認識しない。または認識が遅れる」「見ているけど、認識が遅れてぎょっとする、びっくりする」ということになり、ポイントを取ることができます。

このことが分かると、相手の一歩先を行く攻撃や動きのために、身体的、筋力を重視した動きの中での絶対的な速度を求める必要がなくなり、「相手にとって見えない動き、相手には見えにくい動き」ができるようになります。

立ち方の稽古は、ちょうどそのように跳《は》ねるボールではなく、見えにくい動きをし、さらにはちょうどボウリングの玉のように、そんなに速くはなくとも、転がるように進み、そして強烈な威力を持つ動きを可能にするのです。このように、立ち方の稽古と、重心のコントロールができるようになって初めて型が見えてきます。

ナイハンチの力の集中

まず、ナイハンチの型によって重心を揃《そろ》えて撓《たわ》みを消す姿勢を作り、動作を行うとどのような変化が起こるかを見てみましょう。

ナイハンチの姿勢が作られ、立ち方を行うことにより重心が全て繋《つな》がり、地面から「力の集中」の重心まで、逆さ振り子のような重心が生まれます（イラスト12）。

イラスト12
ナイハンチの姿勢が作られ、立ち方を習得すると、重心が全て繋がり地面からの「力の集中」の重心まで、逆さ振り子のような重心が生まれる。

これにより、地面からの力が途切れることなく、「力の集中」の重心と繋がり、腰のくびれや動きの撓みにより、力が弱まったり相殺《そうさい》されることがなくなります。

さらに「手《ティ》」を使った威力を使うことができますが、その前にナイハンチの型を通して、体の中の軸を外に出し、手の動きと力の集中の動きが分離することなく伝わる動きを身につけます。

イラスト13のように肘を手首の窪みに置き、腕と体を全て繋ぎます。この動作は左右の受けに対する動作ですが、姿勢が作られた上にこの手の繋がりを行うことにより、僅かな動きで相手の全ての重心を動かしてしまう程の力が生まれます。

「受けの動きが、この手首と肘が繋がった手の範囲内から離れてはならない。離れることにより力が弱まってしまう。この姿勢と手の動きを常に忘れないのならば、受けというものが確実に理解できる」ということを教えてくれます。

そして、ナイハンチの突きを見てみると、先ほどまで説明した全てのことがここに詰め込まれています。

イラスト13
肘を手首の窪みに置き、腕と体を全て繋ぎナイハンチ立ちの姿勢が正確に取られると、僅かな動きで相手の重心を動かすほどの力が生まれる。

「ナイハンチの突き」威力の解説

ナイハンチの突きは、ナイハンチ立ちを崩《くず》さず、横方向に突きます。しかし、普通の見方で見ると、この突きには打撃力は出せません。そのため、立ち方を崩《くず》すか、体を向けたり反動をつけたりして打つことになります。

ナイハンチ立ちの鍛錬により上半身と下半身を繋《つな》ぎ、上半身は背中で一体化し、力の集中を作り上げます。その力を効率よく動かすことで強烈な威力を生みだすことを求めています。

では、先ほどまで述べていた重心の移動はどのように行われるのか見てみましょう。イラスト14は、ナイハンチの突きです。側面に打ち込みますが、立ち方を崩さないために体を向けることが困難です。そのため、多くの人は「手打ちになる・力が入らない」と思ってしまい、結果的に「ナイハンチの突きには重心の移動がなく、威力は出ない」と思ってしまいます。しかし、実際には重心の移動が行われます。

上半身と下半身が生み出した「力の集中」を、胸の前に出た中心軸、または

イラスト14
ナイハンチの突きを側面に打つのを見て、多くの人は威力がないと勘違いするが、実際には重心移動が行われ、強烈な威力を発揮する。

背中の後ろに出た中心軸（これは、立ち方で下半身を固定しているから生まれる軸であり、通常は「できる人にしかできない動き、軸」です）を中心にして描く円の軌道に、力の集中を乗せ、その軌道で回転に乗せながら移動させます。しかし、このときに正しい姿勢、意識、正しい立ち方を守らなければ、単なる「手打ちの突き」になってしまいます。それらを守ることにより、自然と拳から突きが動きだし、その拳の生み出す軌道に重心……「力の集中」が連なり、そして移動します。

崩《くず》れないナイハンチ立ちにより、重心の撓《たわ》みも生まれません。そのため、生み出された重心の移動は、全て拳の先に乗り、相手に全ての重心がぶつかっていきます。後ろから押して発進させるのではなく、ちょうど最前列の車両が後部車両を引っ張り、全ての車両が淀みなく動きだすように。そしてその打撃力は、全ての重心が揃《そろ》った、強烈な威力を生み出します。

①大きい重心の移動が、他の重心への影響が最も強い。
②重心を集めると、大きな力になる。どれだけ多くの重心を集めることがで

きるかが大事である。
③集める重心は移動方向に対して直列、直結で並べることが理想的である。
④大きい重心から動かすと、大きく慣性が働いてしまい遅くなる、または止まりにくい。つまり大きい重心は動かしにくい。
⑤他の重心と連動して、撓みを作ってしまう。その場合は自分の重心が相手に向かって行こうとする場合、移動しないことと等しい。
⑥任意の重心（相手の重心）と合成することが可能である。その場合、新しく任意の場所に重心、または中心を作る。

このナイハンチの突きは、右の③の、移動方向へ直結で並べるということです。

また、拳からの突きの移動というのは、④の動かしにくい大きな重心を動かすために、比較的軽く小さく動かしやすい、拳と肘《ひじ》の持つ重みと重心を先に動かし、「力の集中」を動かしていくという動きになります。

また、正しい姿勢を作ることにより⑤の、撓みを消すこととなり、全身を一体化することになります。

強烈な打撃力を意識下に仕込む

沖縄拳法では、ごく僅《わず》かな注意点（口伝を持ってして）で、全てのことを鍛錬し、鍛え上げていくことができるようになっています。なぜごく僅かにするかというと、人間は一度に多くのことを意識して動作を行うことができないからです。また、戦いの最中に、「正しい動作の意識」等考えている余裕などありませんので、**「無意識下に仕込んでおく」という鍛錬をしなければなりません。そうすることで、無意識でありながらも、正しい姿勢、正しい動き、正しい力の出し方を行うことができます。たとえば拳の握り、立ち方の作り、目線の意識、脇の締め、呼吸などです。最小限でありながら、最大限の効果を生み出す意識法で型の鍛錬を積むことにより、必要なことはすべて無意識下に仕込み置き、最大の威力を持ちながら、最小の動きで相手に迫ることができるようになります。**

つまり、型の鍛錬を正しく積むことにより、「突こうと思わなくても強烈な打撃力を生む動き」「相手が見ても見えない動き」を、得ることができるのです。

空手の「型」は宝の蔵

「型が宝物である」と考えなければ、そして「すばらしいものであるかもしれない」との想いで臨《のぞ》まなければ、「型」が単なる「筋力トレーニング」の一つに過ぎないことになってしまいます。

現在の発達した科学技術であっても、『型』を『筋力トレーニング』の一つである」そういう位置づけで研究するならば、型の意義というのは残念ながら無くなってしまうでしょう。しかし、「型の稽古を積むことによりすばらしい効果があるかもしれない」との想いで臨み、取り組む人は、そこから宝を見つけ、その泉から美味しい水を汲み出し、絞り出された美味しいミルクを味わうことになるのです。

常に、先人達に対する敬意と感謝を持ち続けなければなりません。何代にも亘《わた》り鍛錬し、研鑽を重ねてくれた先人達がいなければ、現在の私たちの境地はありえません。深く洞察する心、謙虚《けんきょ》に探し求める純粋さと、強烈な空手への熱意を先人達が失うことなく努力してくれた結果であり、継承する私たちもまた同様な想いが必要です。

私は、「空手の愉《たの》しさ、すばらしさ、奥深さを、改めて少しでも多くの人に見つめてもらいたい」という願いを持っています。そして、多くの方々に、体が小さくとも、体力が無くとも、できる限りの自分の成長を愉《たの》しむことができること、それが空手の良さだと伝えたいのです。

空手・歴史秘話

◆那覇手・首里手・泊手の区別とは

國吉真吉が武士國吉と呼ばれた当時も「武士」と呼ばれる人は数少ない。有名な空手家のほとんどは武士と呼ばれていない。それだけ、重みのある、鍛錬を積み続け、実力を知られていないと呼ばれなかったのであろう。

18ページで紹介した座談会の記事を読むと、ここでよく分かるのが、習った先生方の名前を、出身地名と共に挙げている点である。

沖縄県に馴染みがなければ、那覇手、首里手、泊手という名称を聞くと、那覇・首里・泊という地名から名付けられていると想像するだろう。さらに互いの地名がそれぞれどこか遠い地域のことを指しているように感じておられるのではないだろうか。

だが、実際に沖縄に来られた方は分かるように、それぞれの「手」の諸先生のゆかりの地は、那覇市内の中の久茂地《くもじ》、泊、首里であり、それぞれがお互い、歩いて30分以内の距離にある間切（集落の名称分け）のことを指している。実際に空手を習ったのがどこであるか、何手であるかはここでは指してはいない。

そうすると、武士國吉は二つの名前を見たら分かるように、「久茂地《くもじ》」と「山原《やんばる》」の地域を冠している。この久茂地は出生地であり、山原は終生の地、仕事場としての地である。また、習った崎山喜徳先生は那覇の崎山と言われ、これも出生地である。

これらは全て、生活に密着した出生地、生活域、終生の地を指し、「手」の名称を指していない。

「沖縄拳法は泊手です」というと、「那覇の崎山に習ったのだから那覇手だ」「久茂地の國吉だから那覇手だ」というように返されることが多いのだが、手は泊手を受け継ぎ、それ以外の生活が他の場所であったとしてもなんらおかしくないことである。

例えば沖縄に生まれ育ち地元に就職した人が、長期出張し、仕事場は東京、住んでいるところが埼玉ということは普通にあることである。

このように、当時は特に「手」の種類にこだわりを持っていない様子で、地名や容貌などで形容していた事実が見てとれると思う。こうやってみると、歴史家による分類がそもそもの混乱の原因で、地域の実情をよく見れば分かることではないかと思う。

沖縄拳法も、なぜ沖縄拳法か？　といえば、沖縄の全ての「手」を研究した武士國吉の「手」だったから沖縄の拳法として名を冠したのである。こういうことも、昔の記事から読み取れて面白いものである。

第2章
威力を持つ拳の条件を学ぶ

第２章は、威力を持つ拳の条件を学ぶ

「正しい握りが分れば全てが分る」

正しい握りを理解することで、威力の本質に近づくことが可能となる。さらに、正しい握りが分れば、武器を使用すること、また武器を鍛錬する必要性の意味をより深く理解し、そして応用し、発展していくことができるようになる。

第1節　非日常的な力を身につける

人間は手の使い方を習熟するために様々な試行錯誤を必要とする。武術とはそういう「効率的で非日常的な力の使い方」ということを身につけるためのものだと言っても過言ではない。

なぜ突きには「強い突き」と「弱い突き」があるのか？　なぜ「相手に見える突き」と「見えない突き」があるのか？　これらの疑問に対する答は、全て「非日常的な力の使い方」と関連している。この、「非日常的な動き」ということを身につけるためにも「武器の鍛錬」が重要なのである。

手首の動きと前腕

この章では武器を扱う「体と心」に深く踏み込んでいくことで、戦うということをより深く理解します。「拳の握り」に関わる手の動作について書き進めていきたいと思います。

ここで注意していただきたいのですが、**「武器を使うから道具の有利さで強い」、という考えは正しくありません。「武器の鍛錬」を通して実際の動きの質と目的そのものが変わるために優位に立つことができるのだということを、しっかりと認識して欲しいのです。**

手首には基本的に次のページのイラスト15のような動きが可能です。この動きは、手首だけの動きでできるものではなく、実際には前腕の筋肉、そして骨格の動きがどのように、連動をしているか、によって可能になっています。

前腕には大きく二つの骨、橈骨《とうこつ》と尺骨《しゃっこつ》があります（イラスト16）。この二つの骨には、それぞれが得意な動きと苦手な動きがあります。そして、人間はそれを意識的に作用させることができません。「何となくこの方が力が入るかな？」

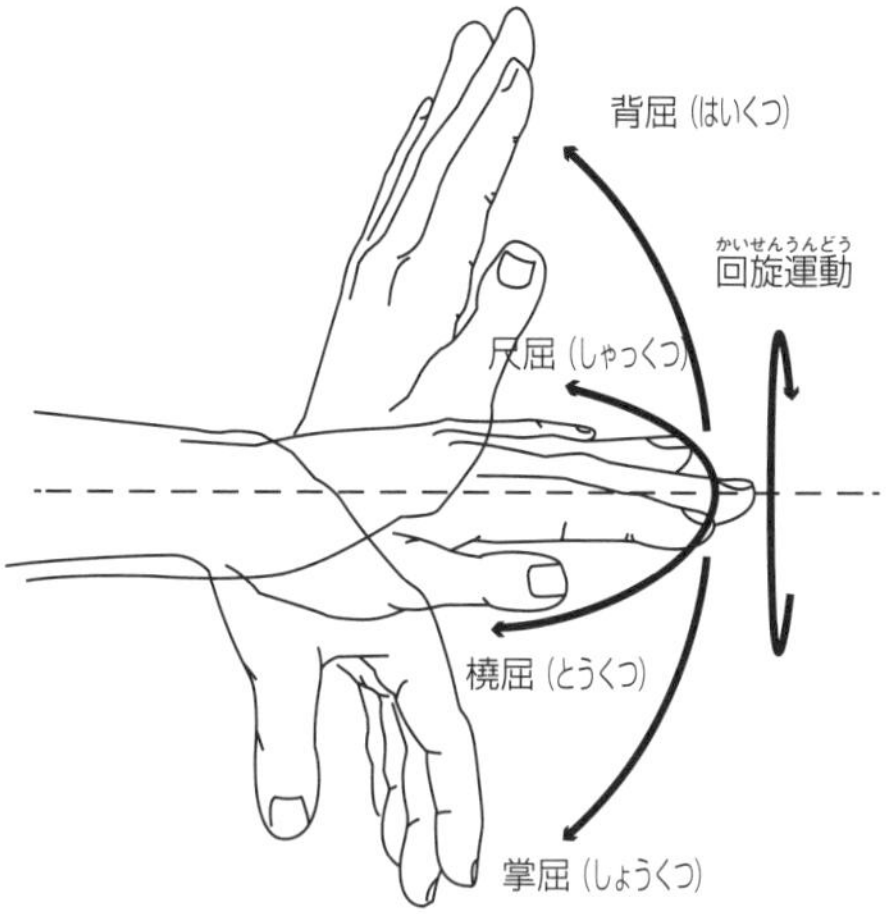

イラスト15
手首は基本的に、掌曲・背屈・尺屈・橈屈・回旋運動が可能。

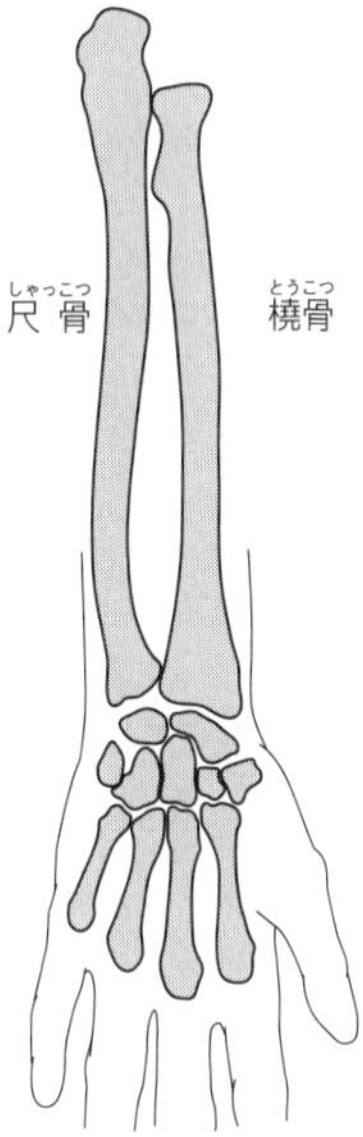

イラスト16
橈骨と尺骨には、それぞれ別々な動きがある。

ということさえも分りません。

そのため、非常に効率の悪い力の使い方をしたり、また、偶然に効率よく使うことができると「不思議な力」のように見えてしまうこともあるぐらいです。どのような時に橈骨を使うのか、どのような時に尺骨を使うのか、それとも両方使う時があるのか。今後、非常に重要なポイントになりますので、ゆっくりと見ていきたいと思います。しかし、その前に上腕の筋肉と前腕の筋肉の連動を見ていただきたいと思います。

上腕と前腕の関係性に見る威力

最初は、空手の突きの核心に触れる筋肉群で、特に重要な前腕部の筋肉について注目して行きたいと思います。

次のページのイラスト17の右を見てください。これは、上腕部と前腕部を繋《つな》ぐ部分だということが見て分ると思います。関節が伸長するだけが目的で、突きの威力が腕を伸ばすことだけで得られるのなら、ベンチプレスが最も有効な

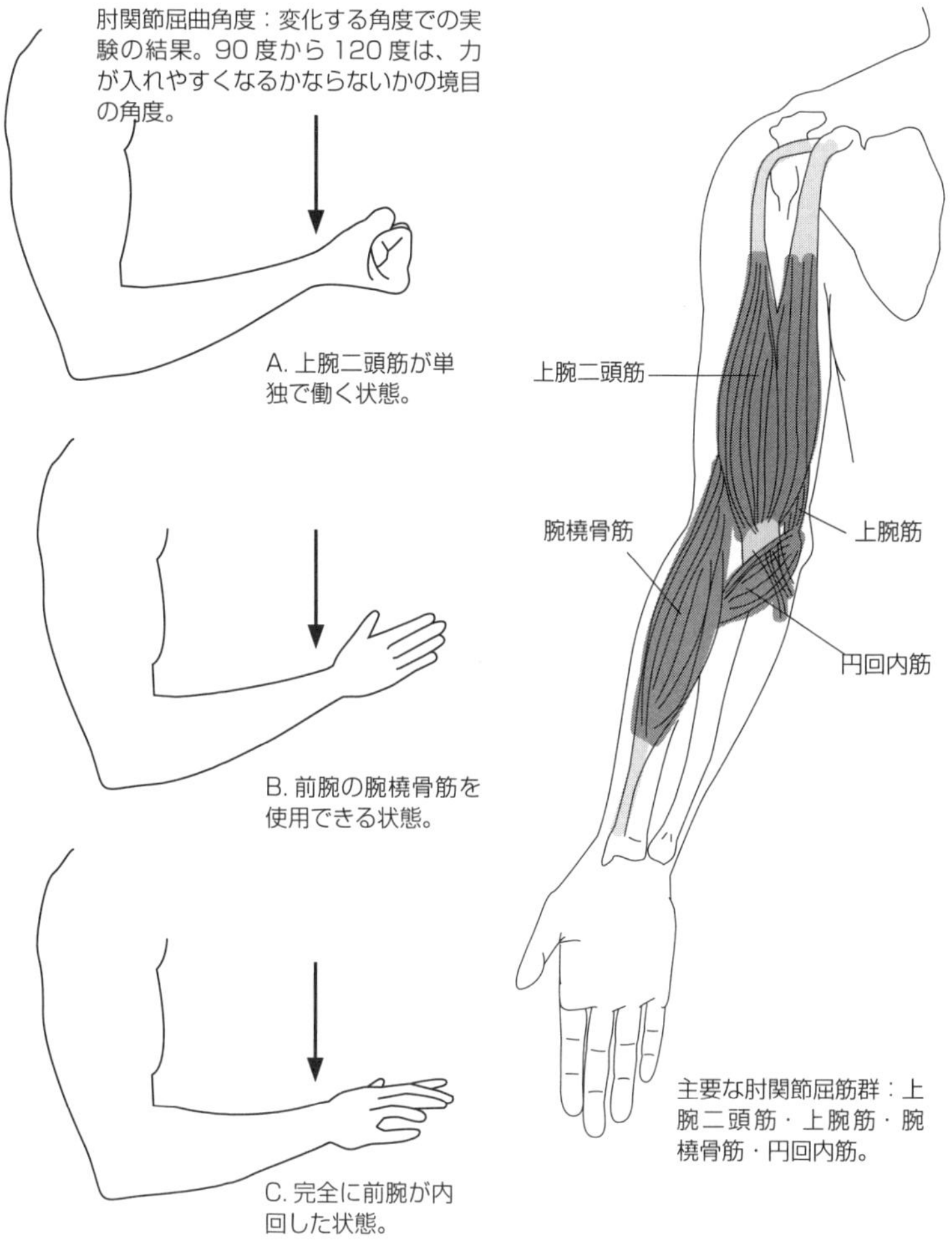

イラスト 17
上腕部と前腕部を繋ぐ筋肉群と手首のポジショニングの関係。

打撃力養成法となると思われますが、実際にはベンチプレスなどで得られる大胸筋や上腕三等筋などでは、なかなか優位な結果は得られていません。

まずは、私たち沖縄拳法における考え方としての必要な筋肉群を見ていきますと、上腕と前腕を繋ぐ筋肉が見られます。これは腕橈骨筋《わんとうこつきん》という筋肉で、先ほどのイラスト16で示した橈骨《とうこつ》の動きの補助として存在する筋肉です。

これらの筋肉群が一体どのように作用し、どのような影響を与えているのか見ていきたいと思います。

次にイラスト17の左側の三つの動作を見ていただきたいと思います。被験者が腕を90度ぐらいに曲げ、矢印は人が上から押さえた状態です。これは前腕を外側に回した状態（前腕回外位）から、少しずつ前腕を内側に回した状態（前腕回内位）へと移行して行く様子を表しています。

これは、肘関節屈曲角度で、固定した状態を作るか（完全に折りたたみきる状態）、完全に伸ばしきった状態の二つの状態がもっとも安定します。ですから、この角度（ほぼ90度）においては、力が入れやすくなるか、ならないかの境目の角度です。

Aの動作は、上腕二頭筋が単独で働く状態です。しかし、その筋肉単一で働くために疲労もたまりやすく、最大の筋力が上腕二頭筋に依存してしまいます。

Bは、親指を上に立て、前腕の腕橈骨筋《わんとうこつきん》を使用できる角度です。この時、押さえている側の手は、筋肉ではなく骨格に乗った状態になります。そのため、骨格を伸長するのではなく、骨格を支持して固定する、または全身で分散して筋力を使用し、最大筋力を最大値まで引き上げることができる状態になります。また、先ほども説明したように、上腕骨と前腕を繋ぐ重要な筋肉、つまり腕橈骨筋を使うことができることと、腕と体幹の連動、そして強い結合を生みやすい角度となります。

Cは、完全に前腕が内回した状態で、上腕二頭筋の筋肉の力が抜けた状態になります。そのため、腕を引き上げる力は体幹部・肩甲骨周辺の筋肉群との結合と、前腕と上腕を結合している腕橈骨筋を中心に動いています。

A・B・Cは、実はそのまま「突きの動作」を表しています。つまり突きのひねりと腕の伸長、体幹の重さを乗せること、それらが実は前腕部の回転のみで生まれているという、重要なポイントとなります。

このことから見て、人の体は突きの力を最大に活かすためには、特定の筋肉のみを鍛錬するウェイトトレーニング法を行わないことが、実は重要であることが見えてくると思います。

続いて、それではどのような前腕の使い方をすれば、体と結合を強め、身体重心を引き出すことができるのか、相手にぶつけることができるのか見てみたいと思います。

前腕の筋肉群

次のページのイラスト18を見てください。これは、前腕の筋肉のうち、Aは、掌側面の表層筋と呼ばれる筋肉群のみを図示し、Bは、前腕の筋肉のうち、背側面の表層筋と呼ばれる筋肉群のみを図示していますが、このように全ての筋肉は指の腱《けん》へと結合し、その筋肉の末端には上腕骨と結合していることが見てとれます。これは、この筋肉群を意識して使用することで、上腕と前腕の結合を強め、上腕二頭筋の使用を押さえ、体幹部との連携を強めることができるか

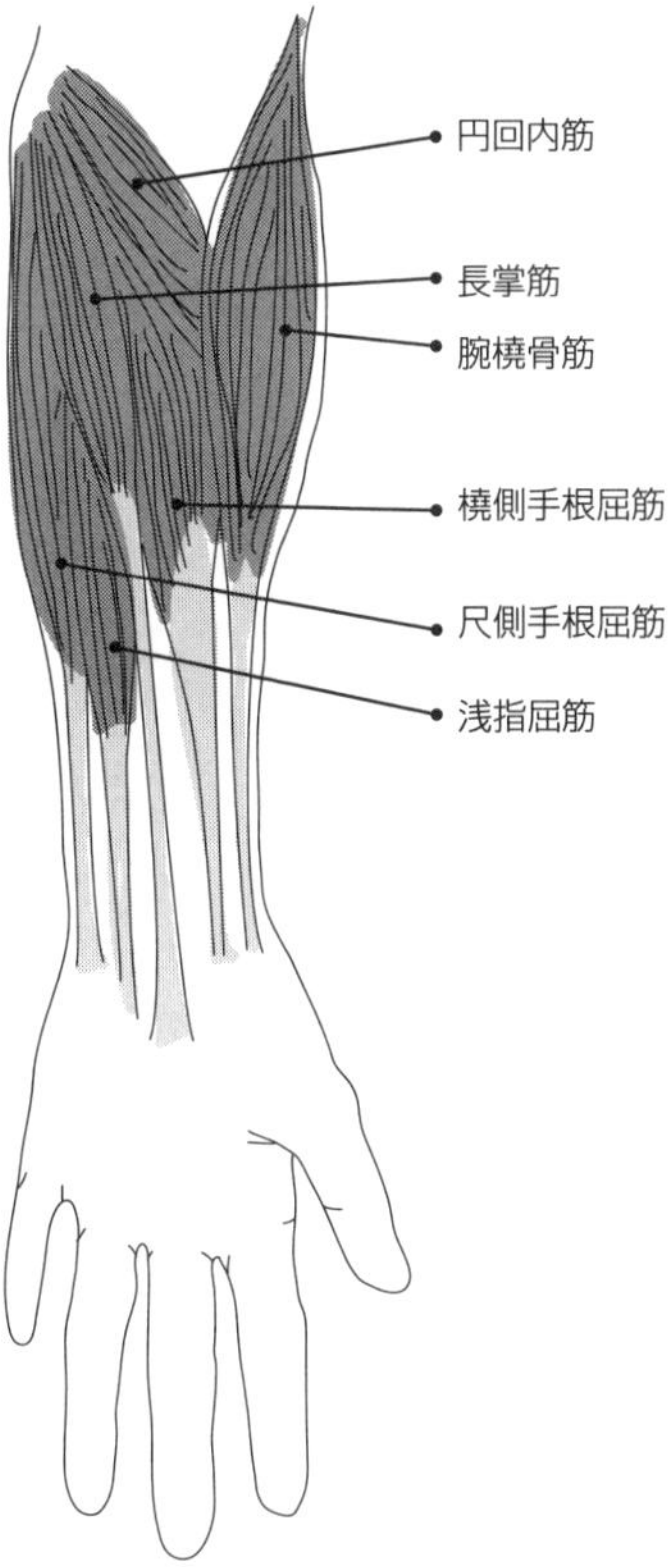

A 前腕掌側面の表層筋群。

B 前腕背側面の表層筋群。

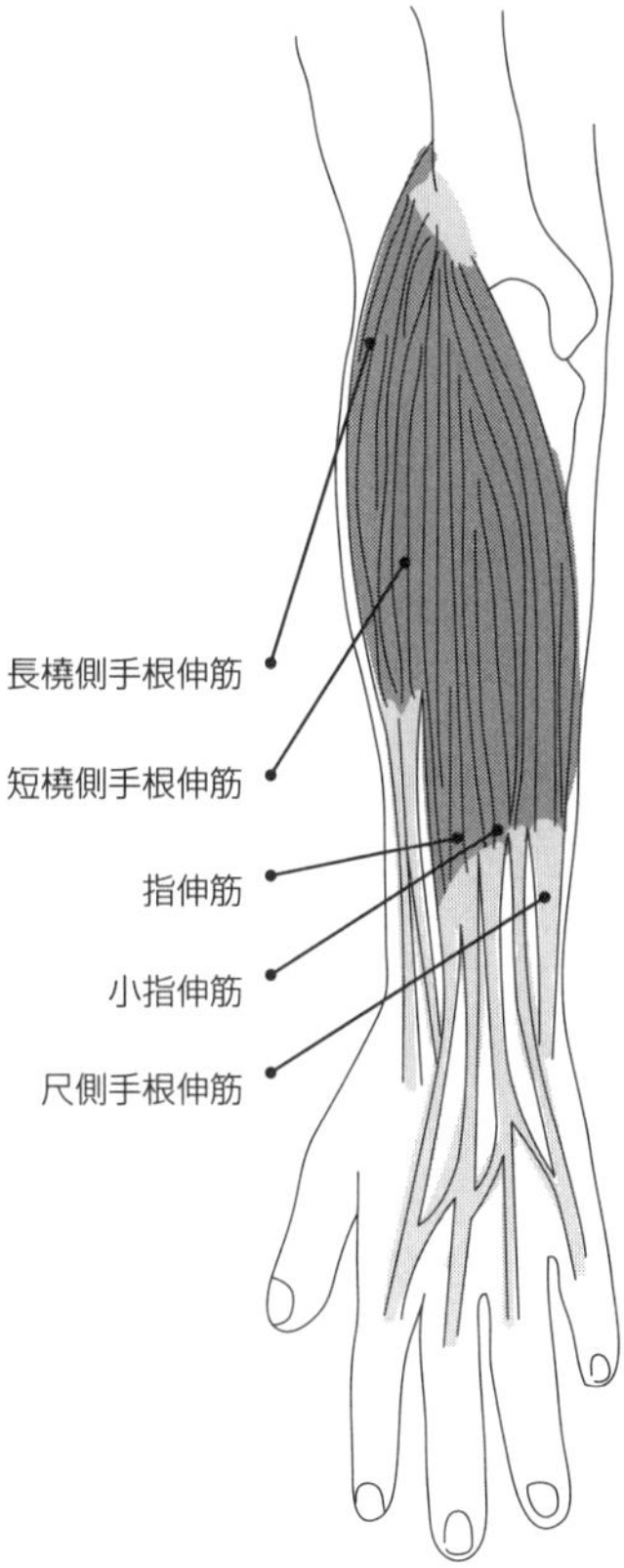

イラスト 18
前腕背側面の表層筋群。

ということが見えてくるのではないでしょうか。

筋肉の使用は使用と抑制とその中間の作用が常に行われていて、いかにして交互に使用し、最大の効果を発揮する方法を見つけるかが重要となります。

「握り」と重心移動

ここで私たち沖縄拳法で学ぶべき注意点の一つに、「拳の握り」というものがあります。拳を常に強く握るだけではなく、空手の型の動作を通して複数の筋肉を効率よく、かつ円滑《えんかつ》に鍛錬する方法です。それにより、突きの威力を最大にまで引き上げるという鍛錬法ですが、ここにもこの筋肉の使用を最大に利用する方法が使われています。

たとえば、突きの動作のみが拳の握りの鍛錬ではありません。握ったまま受ける、捻《ひね》る、引きちぎる動作をする、それらが全て手首の正しい角度、正しい動きを身につけさせてくれます。

これにより、自由度が高い、そしてどのような動きや動作の中においても、動きの「快・不快」を感じ取り、最大の威力を維持するための動きを可能にします。

これらは全て、「拳の握り」を意識した鍛錬から生まれるものでありますが、ここまでの説明のように人体の構造上、生理学的に理に適《かな》った動きを生み出すことも見てとれるのではないでしょうか。

私たちは常々「握りにより重心を移動する。指先から動く。先から動く」と主張しています。それが少し見えてきたのではないでしょうか。

では、「強い突きを打つ、効率よく威力を出す、相手に悟られない動きをする」という、これらのことは関係のないこと、関連のないことなのか？　それとも、もしかして、実際には一つのことを表しているのではないのか？　このことを見ていきたいと思います。

ここで注意して見なければいけないことは、「しっかり握り続けなければ、重心の移動は起こらないか？」ということです。先に答えを言うならば、「あることをすれば、しっかり握らなくても重心の移動は行われる」ということになります。では、そのあることとは何か？　それが「空手の武器の鍛錬」なのです。

「摘《つま》み」と「握り」の違いを意識

ここで最初の話に戻ると、ではなぜ空手には武器の鍛錬（棒・サイ）が必要なのか？　という疑問が残ると思います。

今まで私が説明してきたことは、一見バラバラで武器と空手の関係もなく書いているかのように見えると思いますが、もう少しで全てが繋《つな》がるようになりますので、もうしばらくお付き合いください。

この掌《てのひら》の機能の中での「摘《つま》み」「握《にぎ》り」という、一見同じようなことをしている動きが、実は大きく目的の違うこと、使用している筋肉群が異なることを見ていただき、武器の鍛錬においてこの二つの動作を意識し、体をより柔軟に、そして強固にすることが、力と能力を最大に発揮するために必要な鍛錬だということが見えてくると思います。ここで初めて、**「元来、空手は武器術と一緒であった」**ということの意味が見えてきます。

ここまでに体幹部と肩、体幹部と肩と上腕、上腕部と前腕部のそれぞれの連動と連結、そして重心の移動について書いてきました。ここまでの流れで、体とは手先から、背骨まで連動しているが、実際には体幹から波を送るようにではなく、手先から逆方向に連動が起ことが見てとれます。

「握り」の重要性について

では、最後の要素であり、沖縄拳法の稽古において重要であり、おそらく全ての空手において追求されてきたこと、「握り」について書いて行きたいと思います。これは非常に重要なポイントであり、かつ流派を問わず全ての空手において求められるものですが、それぞれの目的において違いが出てきます。しかし、あることを目的とするなら、それは全て同じことを示します。

つまり**「素手において最大の攻撃力を生み出す拳の握りとは？」**という目的の下《もと》にならば、ここからの流れを知ることが非常に重要になると思っています。

結論から言いますと、正しい握り、つまり、より強力な打撃を生む握りを作るためには、武器の稽古が必須であるということ。特に棒術、サイ術を修得することが必須であること。この二つが挙げられます。

「把握《はあく》」という概念《がいねん》を分類する

何かを握ったり、掴《つか》んだりすることを「把握《はあく》」といいます。これは生後間もなく生じる「把握反射《はあくはんしゃ》」で知られることと同じように、何かを掴むことです。ではその「把握とは何か?」を見て行く中で、空手を学ぶ多くの人の誤解も解けていくと思います。

把握は「摘《つま》み」と「握《にぎ》り」に分類されます(イラスト19)。「摘み」は親指と対する指を人差し指、中指を使って行われています。より精密に行うとなると、全ての掌《てのひら》の部分を使用しています。

摘むという動作は針やペン、チョウチョの羽根や鍵を回すなど、比較的弱い力から、比較的強い力まで幅広く使われています。しかし、それら全ての動作には親指の強い安定性が何より重要であり、親指の精密かつ強い安定性がなければ、全ての動作は完遂《かんすい》できません。また、摘むという動作を実際に見てみると親指と人差し指、中指で「O」という形を作る摘みと、鍵を挿《さ》して回す時の親指をしっかりと固定した持ち方の摘みがあります。

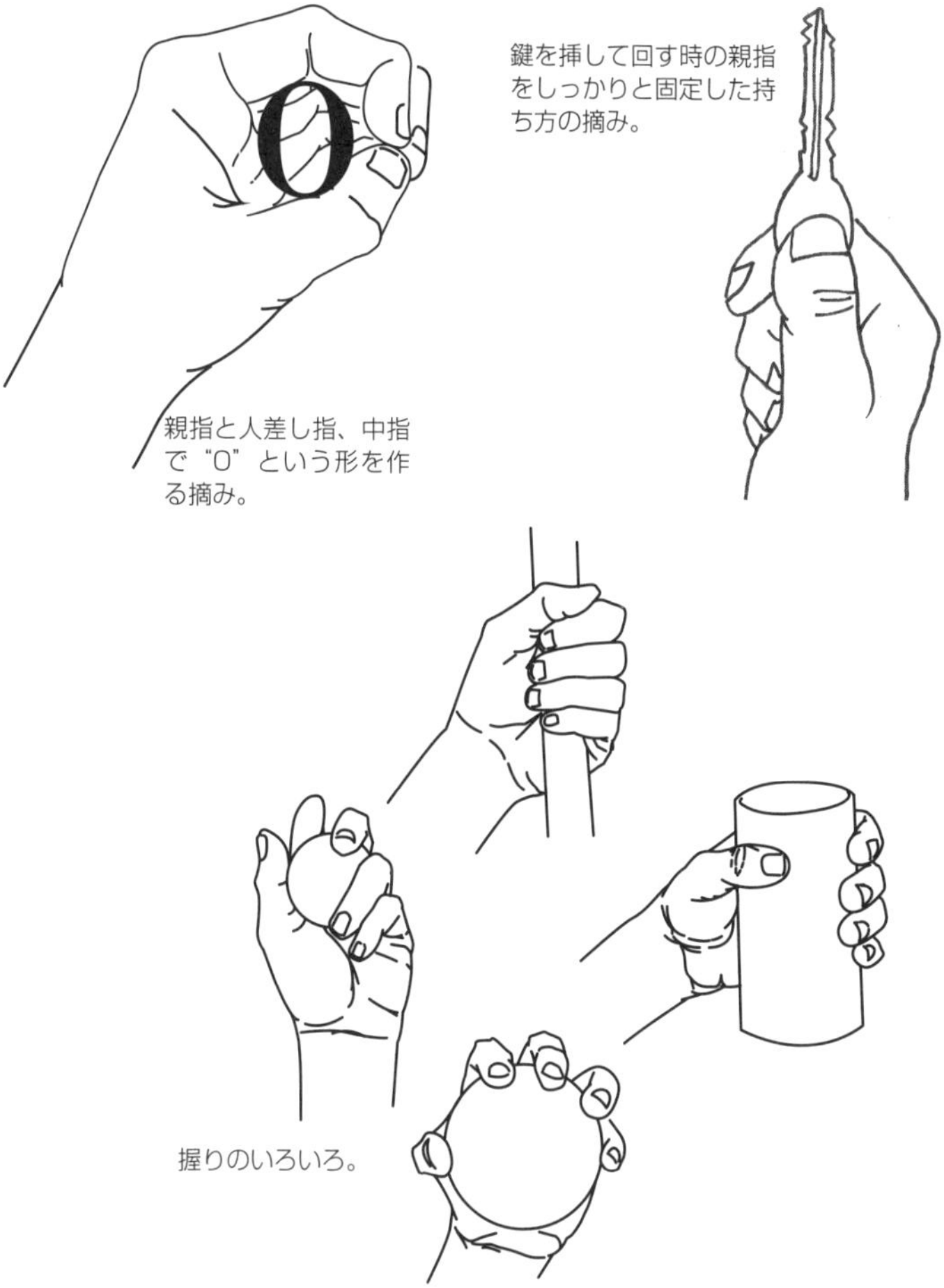
親指と人差し指、中指で“O”という形を作る摘み。
鍵を挿して回す時の親指をしっかりと固定した持ち方の摘み。
握りのいろいろ。

イラスト19
「摘み」と「握り」の色々。

きっちり固定できるのは後者の方です。前者の方は棒術での握り方、後者の方はサイの振り方で使われています。前者での摘み方は、主に親指・人差し指・中指を自由に使う必要があるために、小指・薬指をしっかりと収縮しなければなりません。そのため、尺骨《しゃっこつ》主体の筋肉群、神経を使います。

後者の摘み方では、は橈骨《とうこつ》から直列となり、重い物を挟《はさ》んで持つことができます。この場合、親指一体感を作りやすいのでコントロールしやすくなります。この動きはサイの振りで使われる動きで、サイの場合は親指の固定により橈骨側の筋肉を使用しながらも、最後に固定させる際に小指・薬指側の筋肉も使用するため、尺骨側の筋肉を使うことができます。これにより、バランスよく力を使うことができます。

握りの原理を解剖してみると

物を掌《てのひら》で強く握る作業を行う際、掌はバランスよく力を入れる必要があるため、掴《つか》む物の大きさや形状により変化をするが、親指は固定する力が作用する

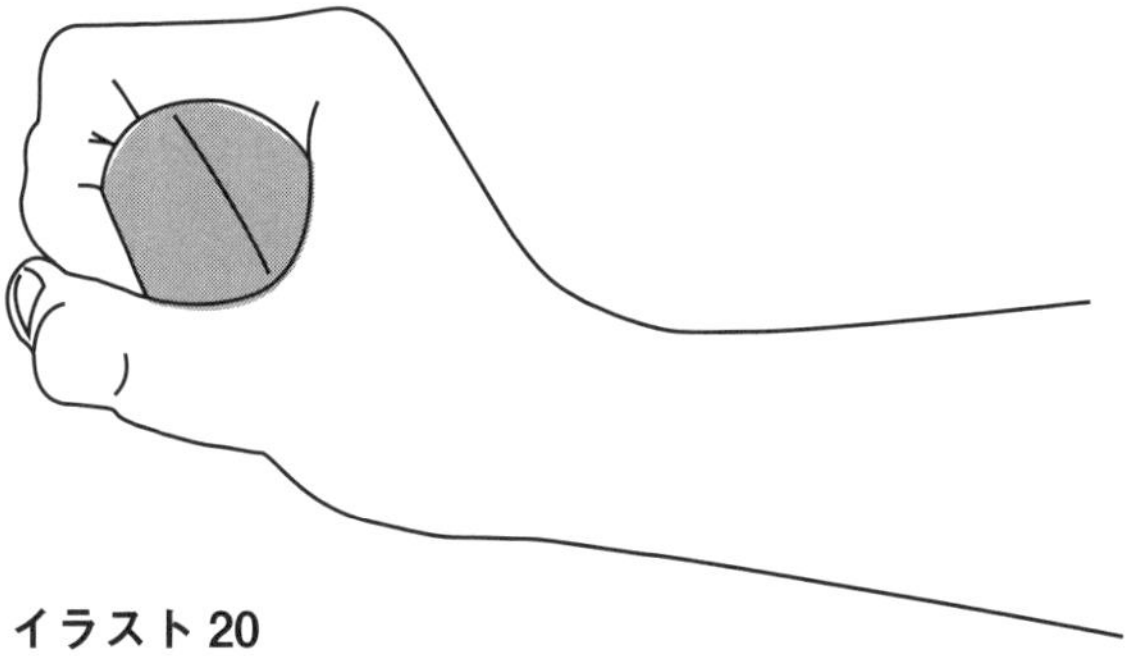

イラスト20
強い収縮が働くほど手首が反り上がって力が入る。

ことになるため、強く縮めるというよりも、握りを強くすることで内圧が高まっても固定する方に力を使っていると言って過言ではありません。

ところが、人差し指や中指、薬指、小指などはそれぞれ掌の中心に向かって握り込むようになりますが、強い収縮が働くほど手首が反り上がって力が入ってしまいます（イラスト20）。

そのため、打撃においてその角度では手首を痛めてしまうか、指を痛めてしまうので、この力の入れ方では正しいフォームを養うことができないばかりか、強い打撃を打つために握りをしっかりしても意味がありません。

つまり、拳の握りはただ単に握り込むだけでは駄目《だめ》だということです。では正しく握ったという状態は何のことを指すのか？　ここで注目すべきは掌の中の筋肉です。

イラスト21のAは親指を固定する際に使われる拇指内転筋です。これはサイや棒を固定する際によく使用される筋肉であり、この筋肉を使用し固定すると、前腕の橈骨から親指まで直線になり固定することができます。そして、イラスト21のBは小指側の短小指屈筋と小指外転筋を見ると、小指側の安定のために「固定」する筋肉が働くことが分ります。

この小指側の筋肉を固定することで、握りの安定を生みますが、なぜここで小指側を強く収縮させてはいけないのでしょうか。

１３２ページのＸ線画像を見て頂きたいと思います。

画像の右側の前腕の骨は橈骨であり、左側の骨は尺骨になります。この画像を見ても分るとおり、実は小指側は尺骨に対してきちんと垂直に乗っていません。また、橈骨には人差し指中指などの骨へとつながる小さな骨があり、それを経由して指の骨などが繋《つな》がっています。

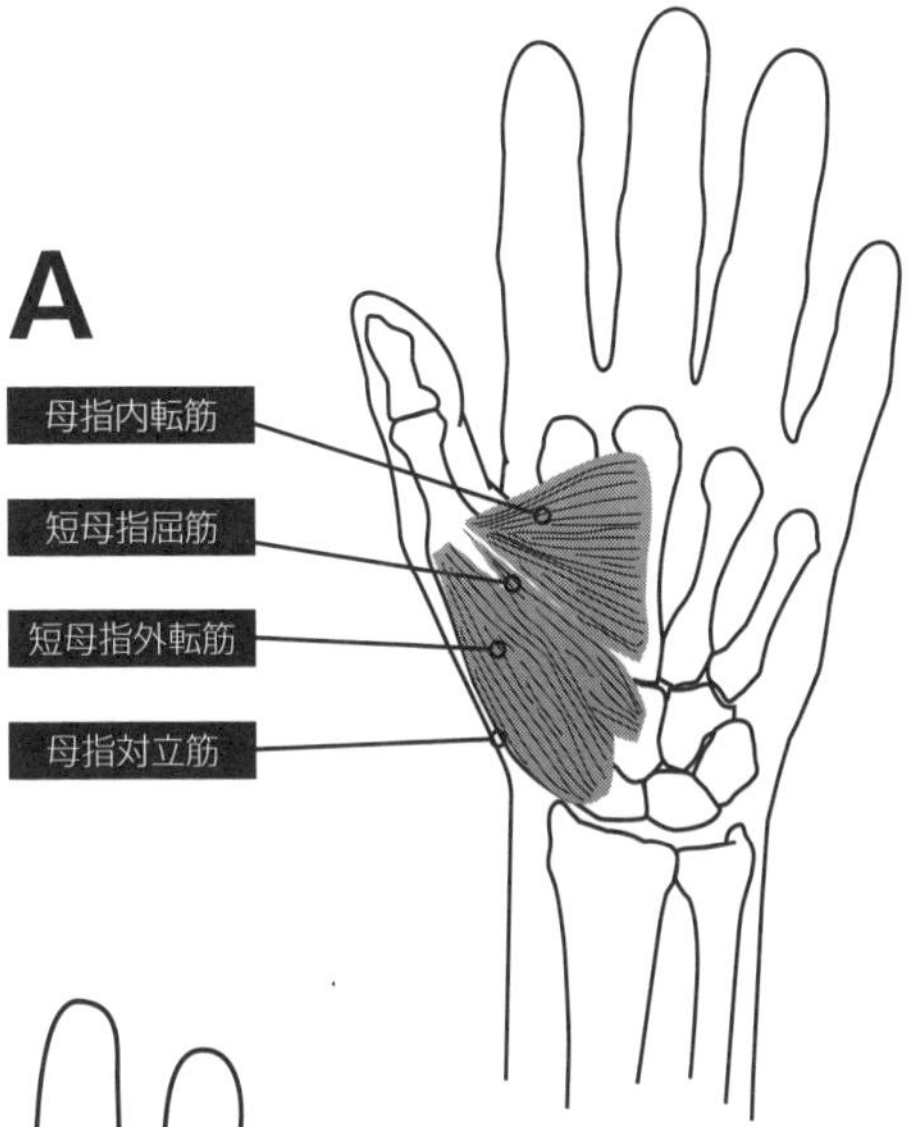

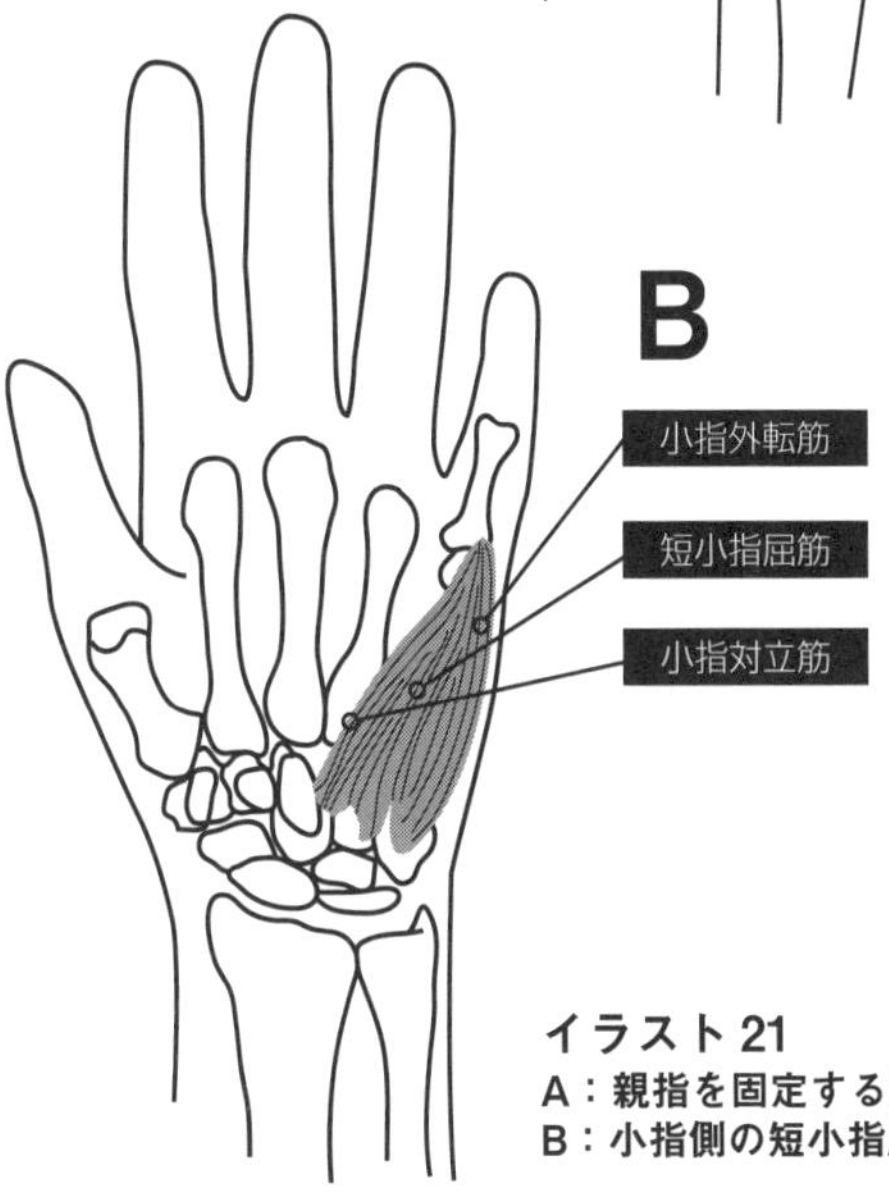

イラスト21
A：親指を固定する際に使われる拇指内転筋。
B：小指側の短小指屈筋と小指外転筋。

もし、打撃などで骨格から力を伝えたい場合、重い物を持つ場合には、骨と連動して固定しやすいこれらの筋肉や橈骨を使う筋肉を使用した方がよいのが見てとれると思います。つまり、握りにおいてただ単に小指側を握るだけでも、相手を打つ時の衝撃はそのまま腕の骨で支えることができないのです。そのため、人差し指と中指の二つの骨、つまり拳頭の部分です。この部分を守るためには、手首が反り上がっていないこと、そしてこの拳頭の二つが固定されてい

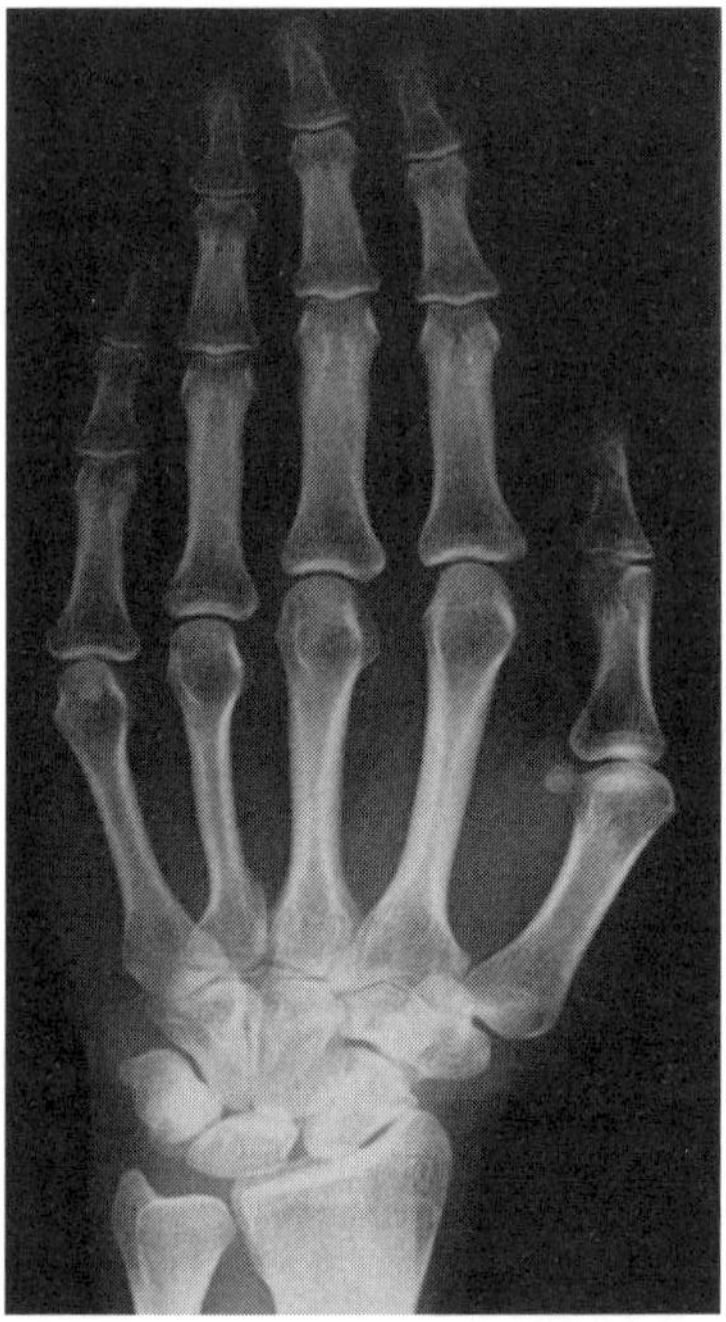

橈骨と人差し指・中指の位置関係を示すX線画像。

サイを握った状態：橈骨から人差し指の骨までまっすぐ力がつながった状態。

ることで、衝撃が骨を伝って行く流れを作る必要があります。

上のページの写真を見てください。これはサイを握った状態の写真ですが、一見曲がって見えますが、橈骨から人差し指の骨までまっすぐ力がつながった状態です。

この状態は非常に強く、こちらからの攻撃をまっすぐ骨を通って伝えることができる状態です。

この状態を作るためには、拳を全力で握り込むだけではなく、親指と小指側の筋肉を使い、挟み込むようにして力を固定する必要があります。この握り方により、拳は前腕からの力を伝えやすくなり、また骨同士の連結も安定し、そして重心の移動を伝えやすくなります。この状態でなければ、実際には武器を振ることができません。できたとしても手首のスナップを使って、非常に遅くて弱い、そして当てた時に相手に食い込んで行けない、弱い力になってしまいます。

これは、相手に打撃を与える時も一緒で、イラスト22のように、手首の安定性を作ることができなければ、相手を「突く」ではなく、「叩く」だけとなってしまい、重心の移動が手首で途切れてしまいます。腕の重さを伝えることだけでもできれば良いのですが、それにもまた技術が要ります。

しかし、イラスト23のように、この拳頭を小指と親指の両方から固定する握りをすることで、この問題は全て解決しますが、これは実は武器の鍛錬の結果生まれる力です。

簡単に言うと、手は握るだけでは隙間が多すぎて、指を固定できないし骨を安定させることが難しい。しかし、掌《てのひら》の中の筋肉を鍛えることにより、隙間を埋め、安定した関節を作ることが可能なのです。その安定した関節が筋肉の連動を生み、筋肉の連動が重心を移動させるのです。

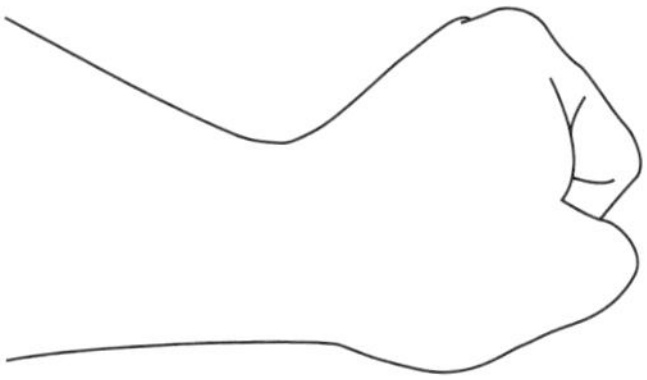

強い収縮が働くほど手首が反り上がる

人差し指・中指・薬指・小指それぞれを握り込む握り。

イラスト22
手首が安定せず、重心の移動が手首で途切れてしまう。

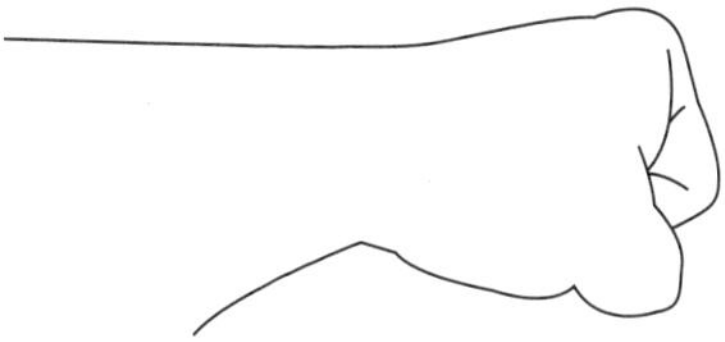

強い収縮が働いても手首が反り上がらない。

拳頭を親指と小指の両方から包み込むように固定する握り。

イラスト23
このように握ることで手首が安定する。

武器の鍛錬を行う理由

では、その握りに必要な筋肉は、握力のことだったのだろうか？　という多くの人の疑問に対し、私は**「握力ではなく、挟《はさ》む力、固定する力の方が重要である」ということを提案したいと思います。つまり、武器を持つ時の持ち方である、「棒を挟む、サイを摘《つま》んで持つ」ということです。これらを稽古することにより、手の中の筋肉は発達し、そして安定性を増します。**

かつ、ここでもう一つだけ重要な点、「リーチング」という人間の子供の発達において生後４～５ヵ月頃にはすでに始まる、仰向けで寝ている姿勢で、目の前に興味のありそうな玩具を出したときにそれを見ながら手を伸ばし、触れたり掴んだりする行動のことを説明します。

「リーチング」という行為を見ると、**「掴もう、触ろうとすると、重心が移動する」**ということが分かります。スナップで当たる瞬間に握ったり、体の中に軸を置いて回転で打つよりも、自然にそして容易に重心移動ができるようになります。これが武器を使うことで「摘む」という動きから、全身の重心移動を生み出し、それぞれの関節での連結、そしてそれぞれの筋肉の連動を生み出し、強烈な突きを生み出します。

つまり、武器の鍛錬はそのまま、突きの威力の鍛錬につながるということが見えてきたのではないでしょうか。

第2節　ベンチプレスでは、突きの威力は増さない！

重心の移動による打撃力の伝達と、体が欲する動きの関連性、そして現代の格闘技的な動きの錯誤について理解を深めていただいたであろうか。

今後の展開としては、いよいよ「遠心力を伝えていく打撃」についての説明に入りたい。この節では、その前準備として、前後の重心の移動と関連して、少しだけ力学的な基礎を一緒に学んでいこうと思う。

打撃における遠心力と道具を使う遠心力

打撃において、遠心力をどこで使っているのかというと、一般的にはフックや廻し蹴りなどの技だけだと思われがちです。しかし、**実際にはあらゆる打撃において遠心力が利用されています。また、その鍛錬法も「型」の中に含まれており、かつ多くの場面で鍛錬されています。**ただし、分かりやすい打撃がフック、廻し蹴り、前蹴りなので、それをモデルに解説を試みたいと思います。

人体は、色々な要素が複雑に組み合わせられたものであり、単なる物体とは言い難いものです。つまり、水分の要素や筋力の要素、柔軟性、それぞれ複雑に要素が組み合わさっているために、効果的な遠心力の発生のさせ方や、その活かし方を理解することはかなり難しいと言えます。

一方、野球やテニス、ゴルフなどは研究が進み、遠心力の活用法などは理論として確立しやすくなり、効果的なフォームなどの研究がなされています。しかし、それらは道具を使い、その道具の性質を分析した上で使用しているため、理想状態というものを生み出しやすいのです。

簡単《かんたん》に言うと、ゴルフクラブのスイングに関して言えば、既《すで》に人間に最高のフォームをさせるために、機械を使い、理想のフォームを完成させています。その完成させたフォームで機械が打てば、最高の状態でのスイングが生まれ、理想的なパフォーマンスを出すことも可能となっています。

高等技術を分析・研究する必要性

道具を使わない打撃系格闘技や空手などでは、未だに「なぜこの動きが良いか」ということは確立しておらず、理論的にも医学的にも解析が未発達であるところが多々存在しています。

すなわち、高度な技術を持った人の、よりパフォーマンスの高い状態を分析するならいいのですが、一般の人の一般の動作を分析するその向こう側に、高いパフォーマンスがあると錯誤していることに問題があるのです。

また、ルールによりパフォーマンスの違いがあり、効果も目的もかなり変わってきます。それを見据えた上で、かつ最高のパフォーマンスを出している人間の分析を行い、その方法論や状態を他の人に当てはめて、パフォーマンスの向上またはパフォーマンスの高い人と同等の状態を再現することができるかどうかが重要なのではないかと思います。

ただの思い込みから構築された理論

私は突きの威力を増すためにベンチプレスはそんなに必要ないと思っています。突きを強く打つために、胸ではそんなに大胸筋は使わないし、使うとしても小胸筋だと思います。しかし、強打にはベンチプレスが必要だという方々はかなり多くいます。その人達とこの議論をしてきましたが、彼らが実際に強力な打撃を打てるわけではなく、「強い先輩たちはその鍛錬をしていたから必要だ」ということだったり、一般的な「イメージ」で強い打撃には大胸筋の発達が必要だ、という思い込みからの理論構築を行っていることが分かりました。

私は強い突きを打つことができ、その養成法を基礎鍛錬とする古流の立場で、かつ様々な打撃格闘技にてアプライしている立場からも、結果、つまり「答え」

から理論立てをしています。その立場からいえば、大胸筋の役割が、打撃において どの場面で使われるか、と考えると、前に押し出す力ではなく、大胸筋の役割は両腕の支持。両腕が開かないようにするための動きに使われているのです。つまり、両腕の上腕三頭筋がスムーズに収縮するための、動きの補助です。

　このような動きをする時には、寝転がって仰向けになり、支持起点となる肩甲骨を固定しなければなりません。しかし、そのような緊張状態で腕の重さも重心移動も行われず、腕を伸張する力のみ、つまり上腕三頭筋のスムーズな収縮のみが行われるだけで、打撃の威力とは特に結びつきません。また、腕を伸ばすという目的を、上腕三頭筋の収縮としか考えない結果、そのような判断になってしまいますが、実際には前鋸筋《ぜんきょきん》なども使い、かつ効果的な打撃力を出すために腕の旋回も必要となるために小胸筋なども使います。

　また、**腕が前方に伸展することを意識すると、大胸筋は使用されなくなり、小胸筋を中心とした収縮が行われます。胸を使うというだけで、ここまで複雑で小さい筋肉を使う理由には、スムーズな重心移動と遠心力の伝達があるからであり、その結果の攻撃力を出すことの方が、大胸筋の発達よりもはるかに効**

果的だからです。

私がこのような考えを述べていく中で、多くの方々の先のような意見にぶつかりますが、結果的に突きの威力に関してだけでも理論として解釈しながらも、実は実践できる人には未だお会いしたことがありません。逆に、できるのだけれどもなぜなのか分からない、という方々にはたくさんお会いしています。その方々に対して私が右記のように説明すると、皆様が一様に理解を示してくれました。理解し納得することで、結果、その方々の技術は向上し、威力もさらに向上しています。

空手の型の中に既に答えがある

こうした点を踏まえると、私は理論から技術を構築していくことには、特に空手や格闘技などの対物ではない、対人の技術に関してはまず無理があるのだと感じています。最初にできるかどうかがあり、そこに理論を探し出す。方法論を構築する。そこを研究していく必要があるのだと思います。私は沖縄拳法の鍛錬法を通し、「人がどのように突きの威力を手に入れるか」という過程と、その結果を既に手に入れているため、その手に入れたものを分析し、解説しているにすぎません。つまり、「答えから始まっている」ということです。

空手のその本来の偉大さは、その「型の中に答えがある」というところです。それが他の格闘技との大きな違いではないでしょうか。

ではその型の中にある、大変重要な「遠心力」を分析・研究してみたいと思います。しかし、その前に空手に必要な力学的な基礎だけは、どうしても知ってもらわなければなりません。どうしても無視できないことなので少しだけ説明させていただきたいと思います。

格闘技をいかに力学的に解釈できるか

格闘技に力学というと、ありきたりかもしれません。しかし、それ以外に今まで私が知る限り、それが有効なものだと思える理論にお目にかかったことがありません。そこには、前述のように「この理論だろう。この理論を使っているように見える」という、推論《すいろん》や憶測《おくそく》止まり、そしてなによりその理論を提示している人たちが実際に「できる人」ではない、というところに問題があります。

私は沖縄拳法の技術と鍛錬法を通して、一般的な理論を単に当てはめることが全てではないことが分かりました。今回はそれを少しづつ力学的に（……とはいっても、中・高生の物理学程度で、非常にシンプルです）、解説してみたいと思います。そこに多少の人体の反射が影響を受けて、人間らしい動き、つまり「剛体」ではない動きでの力学を見てみたいと思います。

また、崩しや投げなどの技術にも実際には「遠心力」が使われていて、この考え方が単に一技術の解説ではなく、普遍《ふへん》的な技術であることがお分かりいただけるのではないかと思います。難しい用語や式はできるだけ使わないので、解説だけでも見てもらいたいと思います。

相手を弾き飛ばす力学的トリック

基本的な力学の考え方で、かつ格闘技に使っているものが幾つかあります「二つの物体の衝突（向心衝突）と運動量保存の衝突」です。向かい合った二人が押し合うということを考えてみましょう。

次のページのイラスト24を見てください。例えば摩擦《まさつ》のないスケートリンクの上で、二人がスケートを履いたままで向かい合って押し合ったとします。そうすると、この力の作用反作用を見なければいけません。

このように、体の大きい人と小さい人で押し合うと、大きい人が押すと、小さい人を押し飛ばせますが、これは決して大きい人が強く押せたからではなく、押される側の慣性《かんせい》が小さいからで、その場に残ることが難しいからです。

では、今度は普通の地面でそれを行うと、今度は軽い側はすごい勢いで押し飛ばされます。これはこの二人の体重の比率で計算されますが、簡単に言うとこれが体重の重い方が有利な理由でもあります。逆に言うと、体重が一緒で、押し合う力も一緒であれば、完全にバランスが取れてしまうわけです。

また、接触した状態から押し合おうとするなら、衝突による反作用も起こりませんから、もっと容易になります。触れた状態で、自分の動きの慣性を殺さずに相手の重心に対して押せばいいだけです。

体の小さい側の慣性が小さいために動いてしまう。

体の小さい側は体重が軽いので押し飛ばされる。

イラスト 24
慣性の法則

また、よく相手を軽く押して押し飛ばすという、不思議に見える技術を使うトリックも見かけますが、簡単に言うと相手を叩こうとするのではなく、相手とのバランスを合わせて動かすことを考え、相手に接触することで衝突を消して反作用を無くし、相手との重さのバランスをとり、その後、自分の重心を前に動かせば、重さがない状態に近いので簡単に相手を動かせます。さらに、押す角度を水平方向に近い角度で斜め上に押せば、重心が浮き上がりながら相手は押されるので、一見すると軽く押しているのに凄い勢いで押し飛ばされているように見えますが、これも力学のトリックです。

衝突直後の物体同士の形状変化に着目

ボクシングや総合格闘技でもそうですが、階級が同じであるということは、お互いの力は相殺《そうさい》されやすくなり、より技術や打撃の考え方を変えなければいけないということにもなります。

しかし、これは条件によってまた変わってしまいます。ぶつかるもの同士が粘土や人体であれば、ぶつかる瞬間に変形します。変形してしまうということは、その後三つの状態が考えられます。ボールを何か壁のような硬い物体に投げつける場合でたとえると以下の状態になります。

①跳《は》ね返ったボールの速さがその物体の衝突前と変らない。
②跳ね返ったボールの速さが遅くなる。
③ボールがその物体にくっつく。

人体に近いのは③ですが、①、②、③それぞれは重要な意味を持っています。例えば、①の跳ね返ったボールの速度が物体の衝突前と変わらない場合は、弾性《だんせい》衝突と言って、人体ではあり得ないことです。これは当たった時になんの衝撃も音も発生しない状態です。

続いて②ですが、ボールが当たったエネルギーが打撃の強さとして残る場合と考えていいと思います。これが大きければ大きいほど、打撃は威力が増すことになります。

③を見ますと、完全に物体にくっつくとなると、人体ではこれも不可能ですが、自分の重心全てをぶつける、という意味では、相手にくっつく位の接近があると考えてもいいと思います。ただし、お互いに相当な形状の変形がないといけませんが、人間ではあり得ませんし、その前に人体のもつ弾性と反作用で相手は弾《はじ》けて下がったりしやすくなります。

強打を求め全力で相手を突いたつもりでも、相手の腹筋やガードで耐えられてしまって、音はするけど威力が相手に伝わらない。常にそういう状況になってしまう。強い打撃とはどのようなものかどうしても理解できない。その理解のためには、より相手自身を理解し、利用した打撃の考え方を理解しなければいけません。

「Say・Oss!! プロジェクト」で行ったセミナー

東日本大震災復興支援を目的に生まれた「Say Oss! プロジェクト」で、『最強セミナー／心・技・体／その壱《いち》』と銘打《めいう》って2016年3月6日、日野晃氏、倉本成春氏、私という三人のコラボとして、セミナーが開催されました。

「心」日野晃氏「先の体と心を 手に入れる！」

「技」倉本成春氏「倉本武学！術を身につけ、危機にも生き抜く身体を身につけよう！」

「体」山城美智「沖縄拳法 泊手突きセミナー」

という内容で、大盛況の内に終了しました。

私は沖縄拳法空手道師範として「沖縄拳法泊手突きセミナー」を行い、限られた時間でしたが、誰にでも突きの威力の質の違いと変化する理由、鍛錬方法について基礎的なことから応用にかけてまで講義させていただきました。

この「突き」セミナーは、単に沖縄拳法に限らず、多くの格闘技でも行われている「パンチ・打撃法」全てに共通する原理に対する解説であり、またできるだけ誰にでも体感できるようにシンプルでかつ、伝統的な沖縄拳法の鍛錬法、技法を理解しやすくまとめた内容に組み立てました。

このセミナーで講義させていただいたのは、極々シンプルに「突きが強くなるために」を理解をしてもらうために次の三つのことを提案しています。

①突くっていっても、どういう種類の突きがあるの？
②強く突くために必要なことって何？
③必要なことを知ったら、何をしたらさらに強く突けるの？

この三つの提案は、決して「誰か特別な達人のみができる不思議なこと」ではなく、「人間の知恵の積み重ねで、再現性がある」ことです。

これは、沖縄拳法においては基礎的な段階で理解することですが、それでも強烈な威力の突きを手に入れることが可能であり、また自分自身のバックボーンに変換し、成長させる道具としても利用可能です。では、その強い突きを手に入れるために、最初に何を理解しないといけないのか、見てみたいと思います。

まず、私は打撃の質が変わることを分りやすく理解して体感してもらうために、危険な殴り合いをさせるのではなく、お互いに向かい合って手のひらを打ち合ってもらいました。

お互いに向かい合い、ちょうどジャンケンをするように向かい合います。この時、向かい合った手が同じ右手同士で向かい合います。そして、その手を一方が叩きます。

叩く時、三つの叩き方を示しました。

①相手の手のひらを、手の力だけで叩こうとする、押し込もうとする。

②相手の手のひらに対し自分の身体の中心に軸を取り、手を振り回して叩く。

③相手の手のひらに対し、手の力を使い叩こうとしながらも肩の力を抜き、左右の足に乗る体重を移動。左手で叩くなら、左足から右足に。右手で叩くなら、右足から左足に。ただし、足の体重を移動させるだけで、無理に体勢を前のめりにしたりしないこと。

ここで、手のひらで叩くことと突きが別物のように感じてしまうかもしれませんが、**突きの本質は「遠心力と重心移動」**だと思っています。これは擬似的に手を振って遠心力を発生させるか、させられないか、そして重心移動がどのような動作で可能になるかを確認するための方法です。全員にこれを行ってもらいました。

①では、相手の手を叩くというよりも「押す」感じになるか、または「パチン」と音がなる程度です。これでは打撃としたら非常に弱い打撃になります。

②相手の手を叩く時に身体の中に中心軸を作り回転するように打ち込むと、相手の手のひらを「ビンタする」ような感じで、表面的にパチンと音もなるし、それなりに衝撃も伝わりますが、それなりの衝撃しか生まれません。

③では、両足の重心の移動を、つまり左手で打ちながら、左足から右足に重心を軽く移動させるということです。この打ち方の結果、今までとは比べ物にならないほどの衝撃と音が鳴り響きました。

①は、一般的には腕力を使った打撃、ベンチプレスのみの持ち上げる、押し上げる筋肉によって養われた動きによって生まれる「押し込む強さ」によって得られる力です。これは増加させるにも限度があります。なぜなら、身長と最大筋力はある程度科学的に計算で出されていますので、自分より体格の大きい人以上の力は身につけることはできません。

②は、一見すると強そうに見えますが、打撃するものが固定している時に限り有効となりますし、そのものが少しでも衝撃《しょうげき》から弾《はじ》け飛ぶようでは、打撃の重さを伝えることができません。なぜなら、自分自身の軸がその場に止まっていて、その軸は重心を固定していることと等しいからです。

③の、この動きだと、ほんの少しの力でも非常に大きな力が生まれ、さらには瞬間的にも打ち出せます。

③で生まれたこの力を、私は「振動」と伝えました。

振動というと、身体をブルブル震わせる動作なのかというと、そんなことをしても相手にはダメージは与えられません。では、何をもってして私は「振動」

としたのか、次のページのイラスト25を見ながら説明していきたいと思います。

これは、電動歯ブラシ内にある振動用モーターのモデル図です。モーターそのものは普通その中心に回転軸を持ち、通常ならばプロペラなどをつければ綺麗《きれい》に回転し、風力を生み出すことができます。ところが、ここに中心軸から少しずらした錘《おもり》をくっつけ、回転させると、偏《かたよ》った錘が動き出す時にその重さで遠心力が発生し、回転の中心軸自体がブレます。これにより「振動」が生まれ、電動歯ブラシとしてブラシの部分が振動し、歯磨きができるようになります。

シンプルな例ですが、実はこの「振動」が、私が今までの経験の中でもっとも理にかなった解説方法ではないかと思います。軸が移動するという現象から、2軸の移動とかいう言い方もあるかと思いましたが、実際にはそのまま振り回した錘が飛び出す（突きが前に飛んでいく）わけでもないので、元の自分の足元へと体重が戻ること、そしてその威力の源は錘に遠心力を作用させることができること、そしてそれを足の重心移動（軸の移動）によって最大限に遠心力をかけて振り回した力が相手にぶつかることなどを考えると、「振動」という打

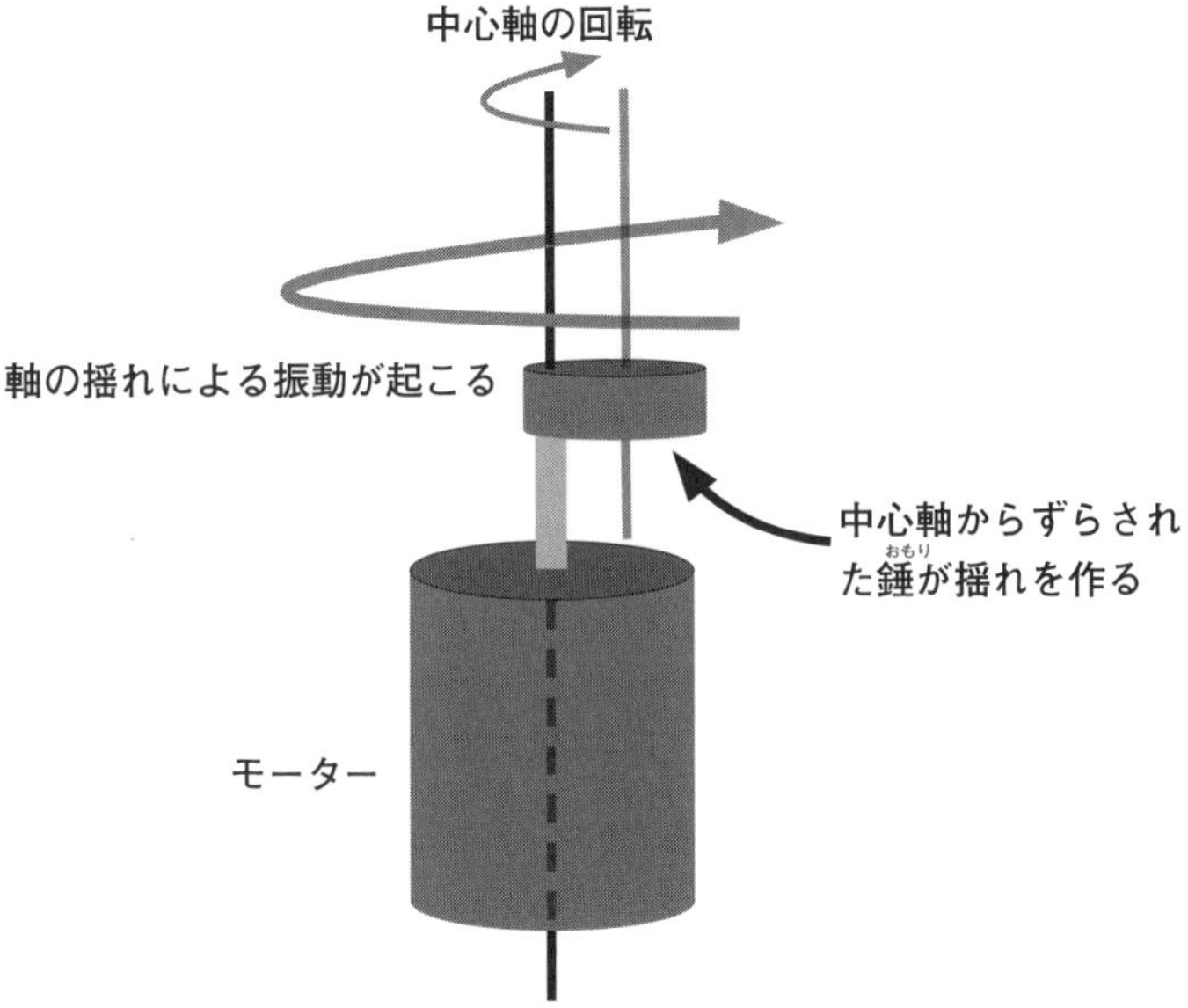

イラスト25
回転の中心が体軸ではなく体の外に置かれている。

撃法として定義するほうが的確であろうと思うからです。
そしてそれを理解する上で、最初でも説明した様に、体内での重心の移動と、軸の位置を理解することが重要です。

遠心力で楕円の軌跡を描く突き

イラスト26を見ていただけると分るように、体の中の上半身の重心が腕、胸、腕、拳へと流れゆく様子は「体内における重心の移動」を生み、その回転の中心が体軸ではなく体の外に置いていることから、「遠心力」が発生していることが見てとれると思います。また、その威力を最大限に発生させるために、打撃方向への前後の重心移動を行わないといけないため、回転軸を前に移動させることが行われています。

つまり、まっすぐ突く突きは、**実際にはまっすぐではなく、遠心力を生みだしながら円を描き、その円は前に進みながら動くために楕円の軌跡を描いているということなのです。これにより、自分の体重を最大限に活かし、骨格を整え、**

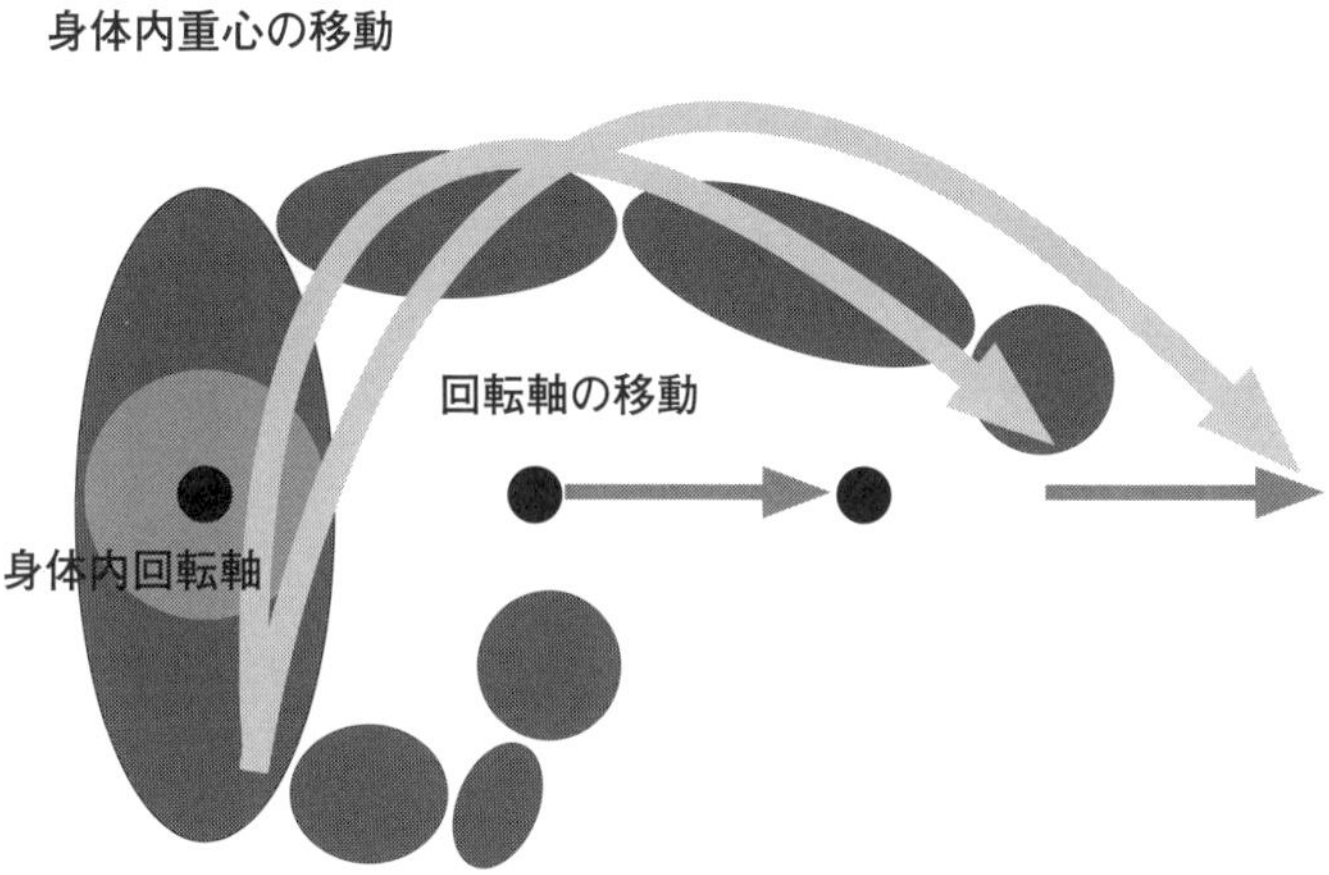

イラスト 26
体内における重心の移動。

重心移動を意識するだけで強烈な威力の突きを獲得することができるのです。

しかし、ここで一つ問題が生まれます。ではこの大砲のような威力を持ったとして、その突きは相手に「当たる」のでしょうか？

答えは、ＮＯです。なぜなら、大きな動作であればあるほど、打とうとする気があればあるほど、相手にとっては「テレフォン・パンチ」な打撃であって、相手に当たることはあり得ません。実際の戦いの中で、相手は止まっていたり、約束組手のようには動いてくれないのです。

では、どのようにしたらせっかく手に入れた打撃法を実際の動きの中で使い、気づかれないように相手に当てることができるのでしょうか？

ここで、やっと出てくるのが「型」なのです。

「ナイハンチの型」の鍛錬から理解する重心移動

先人たちは打撃法を、実際の動きの中で使えることを踏まえてなのか私には分りませんが、型を作ることでここまでの内容を全て鍛錬し、さらに向上させせることができるようにしてくれました。

ナイハンチの型の鍛錬を通して培ったここまでの内容の理解を、さらに次の第3節で深めていきたいと思います。

ただし、ナイハンチの型を解説する前提として、人間が立つ、動く、その時の重心の位置ということから考えなければいけません。そこで再度77ページのイラストを使い説明したことを復習してから3節の話に入りたいと思います。

次のページに再度掲載したイラスト5で示している円は、それぞれの重心の位置を示していました。また大きさは肉体の部位に影響を受ける重さであり、大きければ大きいほど、動かしている肉体は大きくなりますと説明いたしました。

まず人体の真ん中、ちょうど垂直に下した線を中心にして、大きく三つの重心があります。

①頭の重心

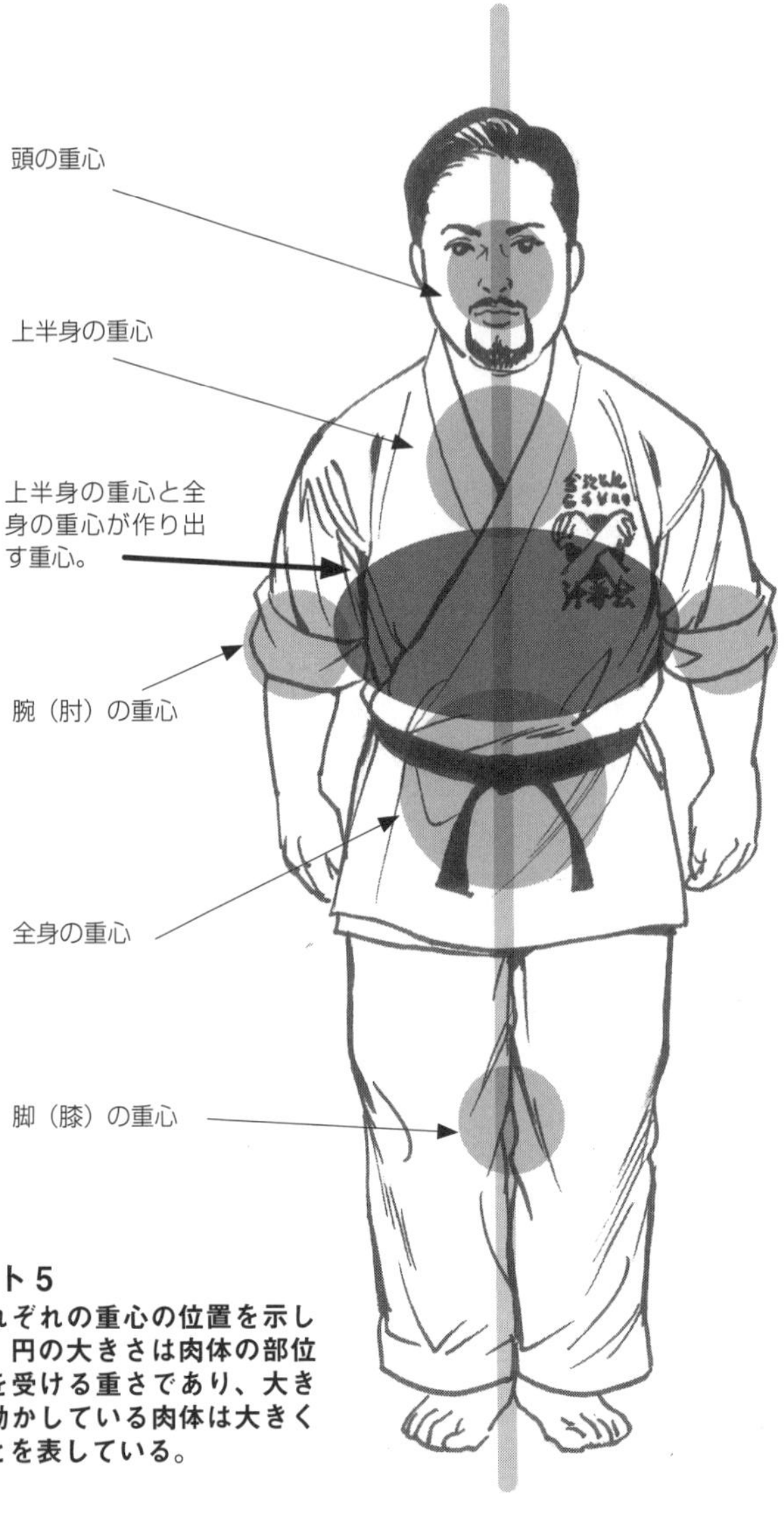

イラスト5
円はそれぞれの重心の位置を示している。円の大きさは肉体の部位に影響を受ける重さであり、大きいほど動かしている肉体は大きくなることを表している。

②上半身の重心
③全身の重心
補助的な重心として、以下の二つがあります。
④腕（肘《ひじ》）の重心
⑤脚（膝《ひざ》）の重心

①〜③の三つの重心の動きが、「移動」となり、現在の場所から前方に全ての重心を進めることが「全体重の移動」となります。（拳の握り、足先の固定により、形が変化するので補助的）

ところが、重心にはいくつかの性質があり、この性質を理解しないまま移動させると、移動が起こっているようでいて起こっていない、移動しているけど弾かれる移動である結果となり、決して「威力」には繋がりません。

大きい重心の移動が、他の重心への影響が最も強くなるため、重心をできるだけ集めるような動きを作らないといけません。それが正しい姿勢を作ることとなります。集める重心は移動方向に対して直列、直結で並べることが理想的です。しかし、大きい重心から動かすと、大きく慣性が働いてしまい遅くなる、または止まりにくくなってしまいます。つまり大きい重心は動かしにくくなってしまいます。その結果、他の重心と連動して、撓《たわ》みを作ってしまいます。その場合は自分の重心が相手に向かって行こうとする場合、移動しないことと等しくなってしまい、打撃力には繋がりません。

ナイハンチの型の凄《すご》さは、常に重心が垂直に直列に並び、さほど崩《くず》れない。そして、ナイハンチの立ち方で「全身の重心」を固定しているために、上半身の重心が左右に揺れても、全身の重心を「ナイハンチ立ち」によって作り出される腰の形により、撓みを消すことができるということです。

さらに前節で、回転の中心軸を身体の中に置いてしまうと、相手に対して打撃の重心移動を伝えることができないこと。そして、強い突きの原理を「振動」として説明しました。しかし、単純にその威力が出せればよいわけではなく、その原理を理解しながらも、それを確実に相手に当てるための鍛錬を必要とすることを解説しました。なぜなら鍛錬がなければ「テレフォンパンチ」となってしまい相手に当たらないと説明しました。

これらの攻撃力は、頭で理解し発生させることができても、実際にはとても攻撃力のある大砲と一緒で、相手に対して攻撃しようとすることがバレやすく、どの方向にどのタイミングで攻撃してくるかが見極められやすいのです。

第３節　強い突きを手に入れる・型と夫婦手《めおとで》

この節は、本書の「肝」と言える部分です。皆さんはここで改めて「型」の本質と「鍛錬」という言葉の意味を再認識することになります。このような鍛錬を積むことで、自然と重心の配置を「無意識に」利用することができるようになり、そこから第二段階の「体の連動」が生まれます。

この連動を利用したのが沖縄拳法、トマリ手の基礎であり極意である夫婦手なのです。

実際に使える攻撃に仕上げる経過

人は「鍛錬を積み重ねた打撃の力」と、「単純に力が強く打撃力が分りやすいこと」の二つを比べた時、後者を選ぼうとします。そのため、効果の出やすいベンチプレスや筋力トレーニングで打撃力を強化しようとします。数字で確認できやすいし、何よりトレーニング自体が「シンプル」だからです。

しかし、それでは打撃力は向上せず、試合での疲労が溜《たま》まりやすくなります。また動きの質が落ちてしまい、結果的に打撃が当たらなくなります。当たっても軽い、またはプッシュの打撃で、手で押し込むような打撃となり、瞬間的な衝撃を与えることができなくなり、打撃の効果がありません。

これは、人間を研究して、戦いを研究して作られた「型」による鍛錬や、「対人」の鍛錬の中に全て解決法が含まれていて、これらを通して実際に使える攻撃に仕上げていく必要があります。

では実際にこの「重心の移動」と「遠心力」という動きはどのように型で鍛

錬され、動きの大きさや分りやすさが隠されているのかを、型を確認しながら理解を深めてもらいたいと思います。

そして、ここで沖縄の空手、古伝と言われる「手《てぃ》」の核心となる技術、「夫婦手《めおとで》」について触れていきたいと思います。

ナイハンチに見る重心移動と遠心力

イラスト27をご覧ください。体の上半分が前に出ようとしても、後ろに下がる重心があるために重心の移動が起こらず、打撃に力が乗らない状態です。**ただ単に体重を前にぶつけるといっても、体を安定化させる本能的な動きで体の撓《たわ》みを作ってしまい、結局は強い打撃力へと繋がらなくなっていることが理解できると思います。**

こうした状況を回避するための考案が「型」や基礎の稽古による、人間の反射的な動き、本能的な動きを入れ替える作業なわけです。

その重心を攻撃の強さとして移動させる方法を身につけるのが「型」になり

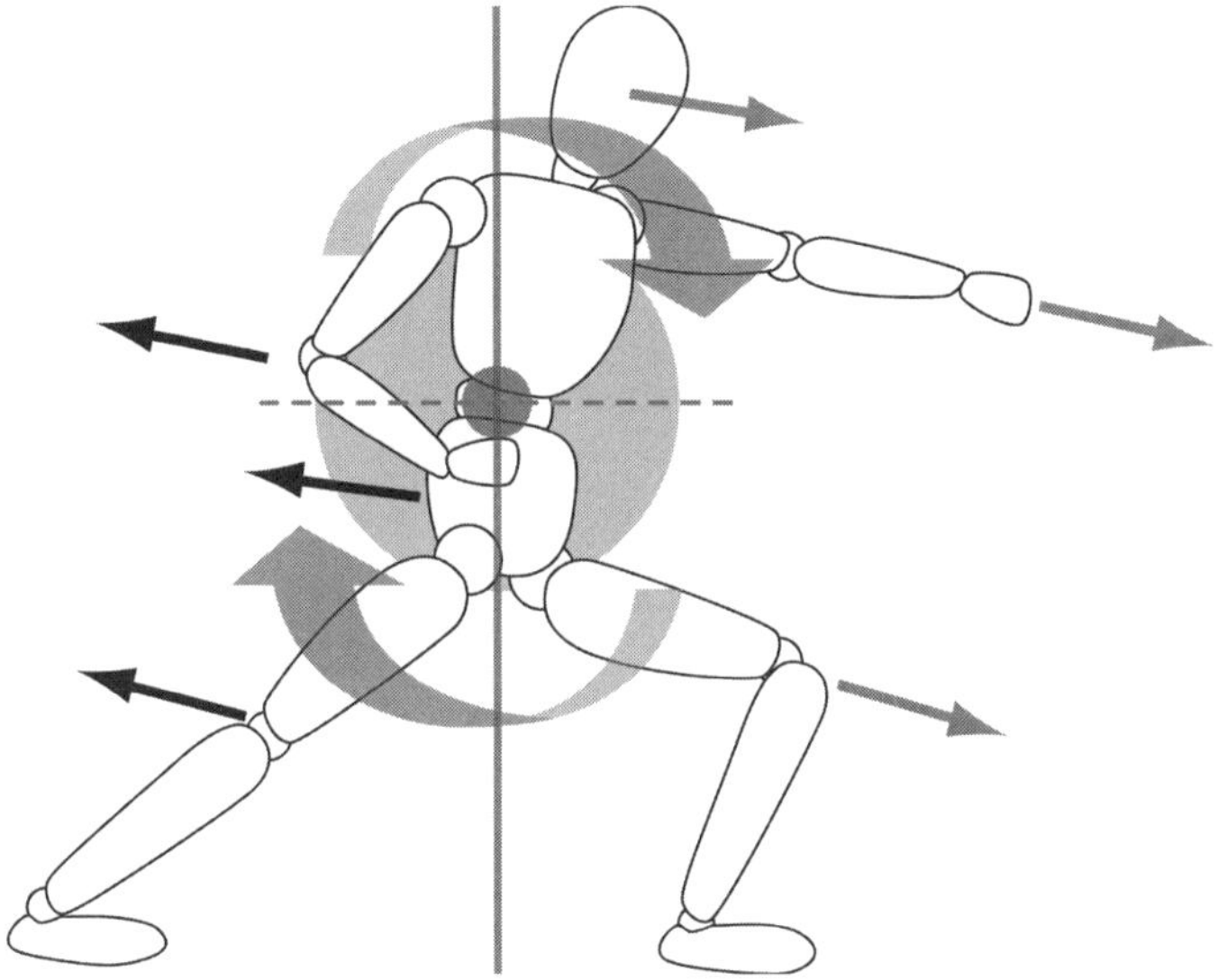

イラスト 27
体の上半身が前に出ようとしているが後ろに下がる重心がある状態。

ます。たとえばナイハンチの型の最初の動作、手を伸ばして受ける動作にしても、ただ単に手を伸ばすだけでは重心の移動がバラバラになってしまいます。また相手の体の中心を抑えることができなくなります。さらに体を無理に振り、受けを強くしようとしてしまいます。

結局、きちんとした口伝と型の動作を知らないというだけで、この動作は腕力や体を振る力で行ってしまいます。その口伝をしっかり守った状態では、イラスト28のように、全ての重心がコントロールされ、重さとバランスが合理的に使われ、ほんの少し手を伸ばしただけで、十分な受けができ、筋力も使い過ぎないことで体も振らず、最小限の動作で、最大の効果を出すことができます。

このように、受けの動作一つとっても、重心をうまく利用し、理解し、体に染み込ませることが必要になります。これが、「鍛錬」というものになります。このような鍛錬を積むことで、自然と重心の配置を「無意識に」利用することができるようになります。そこから第二段階の「体の連動」が生まれます。

そして、この連動を利用したのが沖縄拳法、泊手の基礎であり極意でもある、「夫婦手」です。

イラスト 28
ナイハンチの型は常に重心が垂直に直列に並部。上半身の重心と全身の重心を合成した重心を作ることができ、強烈な威力の根源となる。

泊手の極意、夫婦手《めおとで》の鍛錬

古来、沖縄では沖縄相撲（角力）に始まり、多くの戦いの中で「両手を活かして戦う」ということが伝えられてきました。私ども沖縄拳法に限らず、伝えられているところはあると思います。ただ、私どもの沖縄拳法では、多くの技術の根幹となる重要な理解であり、この理解が型を作り上げ、鍛錬の意味を作ってきました。単純にいうならば**「両手がお互いに動きを補い、力を補い、技へと活かし、闘いの技術とする」ということです。**

ただ、一見すると「両手を使った攻防」のことを指しているようにしか見えず、多くの空手で重要視されず、伝わらなかったところもあります。そのため、理解を深めている人を探してもなかなか見つけられません。

この夫婦手を理解することこそ、打撃力の向上、技術の向上、捕手《とりて》の向上に繋がる、重要な理解なのです。では、実際にどの部分を見ていくべきか、例を挙げてみたいと思います。

まず、イラスト29のナイハンチの突きを見ていきたいと思います。ナイハン

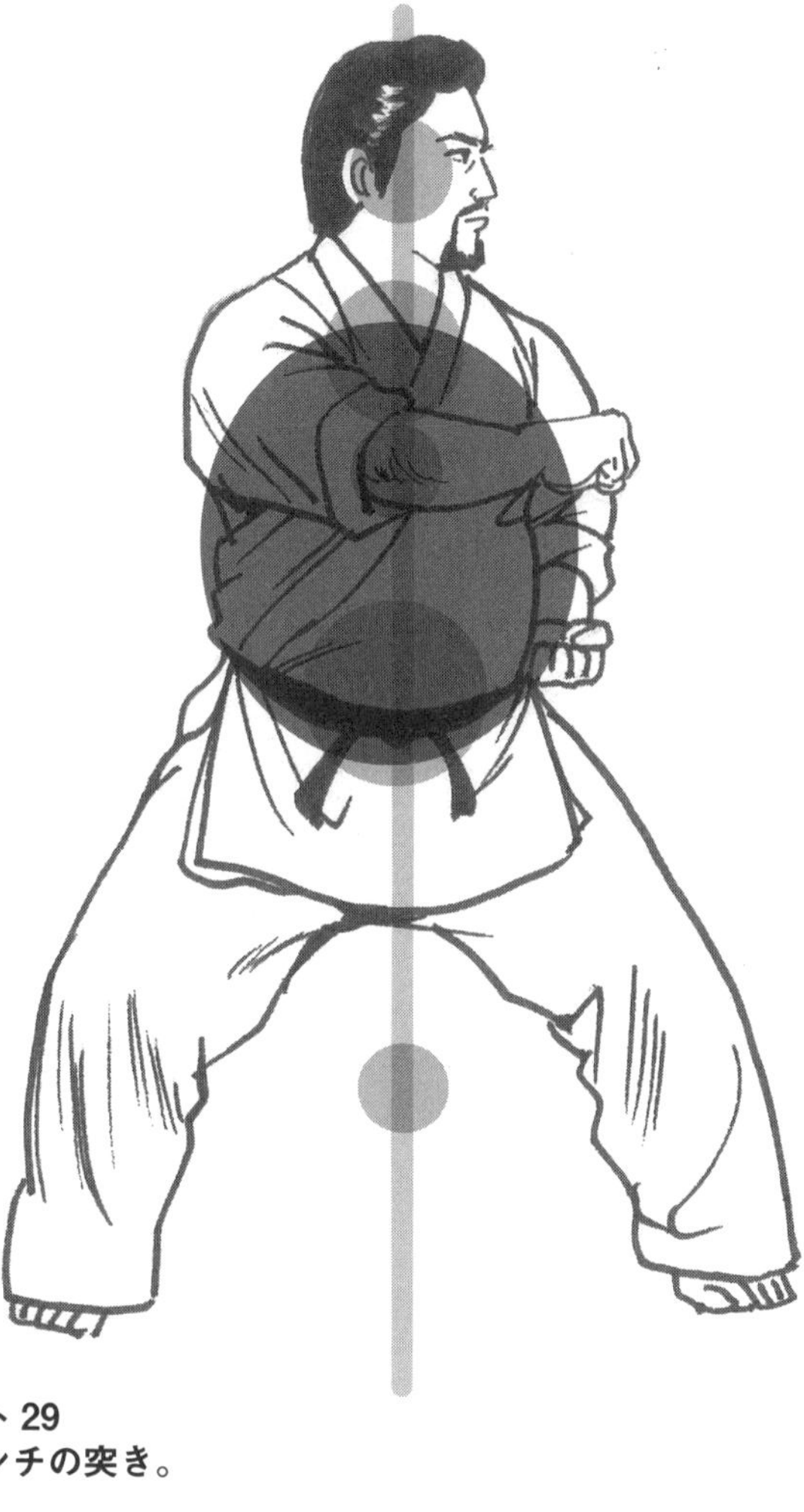

イラスト29
ナイハンチの突き。

チの突きや、セイサンの突きの場合、多くの人がそのままでは突きの威力が出ないので体を振ったり、素早く体を切って突こうとしてしまいます。しかし、その動作を**重心を揃え、立ち方を意識し、体を振らないよう、そして立ち方が崩れないよう、むしろ逆の意識で行います。そうすると、重心がイラスト28・29のように揃い、無理な力を必要としない、「力の集中」の状態が作られます。この状態を維持し、突きを打てば、自然と「手から」の突きになります。**

そして、その後に体の重心が繋がって伝わり、第２節１５９ページで説明したイラスト26の状態が生まれます。

この状態はよく見ると、左手の突きであるのですが、右手の重さも伝わっています。この状態が「夫婦手」の様子なのです。

この状態になると、体の軸は体の中に残して回転軸として使わなくなり、体の外へと軸が出るようになります。そうすると、体の中を通っていくまとまった重心、そしてその全てを振り回す軸となる体の外の軸、それらが全て働くことで、極端に強力な突きや投げの技術、崩し、捕手の技術へと応用し使えるようになります。

ナイハンチの突きは、一見すると体の中に軸があるように見えますが、体の内部に軸を作らせないように、両膝を張って使えなくしています。足の膝が柔らかく動いたりすると、体の中に軸ができてしまいます。

体の中に軸ができる＝撓《たわ》みの状態なので、この状態では突きに力はありません。体の外に軸を出した状態を自然に作るために、ナイハンチの立ち方、セイサンの立ち方を無意識に落とし込んでいるのです。しかし、体の外に軸を作ることで、撓みが消え、そして「遠心力」を使った突きが使えるようになります。

この遠心力というのは大きく振り回してしまえば相手に悟られてしまう、いわば「大砲の突き」となってしまうことは既に説明しました。分りやすい動きにしないために、型の動作のなかに「重心の移動」と「遠心力」を隠した状態を作ってしまいます。この動きを可能にするためには、左右の手が連動し、「重心の移動」を助け、「遠心力を最大に発揮する」ための助けをしなければいけません。そのために「夫婦手」はどうしても必要な理解なのです。

では突きや受けにおいてはどの部分でどのように夫婦手が使われているのかを次に見てみましょう。

セイサンの突きに見る夫婦手

突きというと、片方の手を突き出して、片方の手を引き取って……ということが当然のように思われていますが、昔の空手ではそのような発想自体がほぼありませんでした。引き手は体に沿うようにくっつけるだけで、引き手を取るということ自体に技の要素や打撃力の要素が込められていて当然だったのです。

イラスト30を見てください。セイサンの型の最初の動作。両手を受けた後、左手を引いて、その手を突きに出すという動作です。この動作は突きの威力を出そうとして、右の手を引き取って……ということは一切見られず、むしろその発想とは逆に片方の手（右）を前に出して受けのまま固定してその反対の手を引いてから突き出しています。これはイラスト31のように分解してみればさらに理解が深まると思います。

この動作は「夫婦手の基本」となる動作で、前に残した手自体に技術というだけではなく、体を最大限に活す方法論がみられています。

この方法論としては次の三点が挙げられます。

イラスト30
セイサンの突き。引き手を取って威力を増すという発想はない。

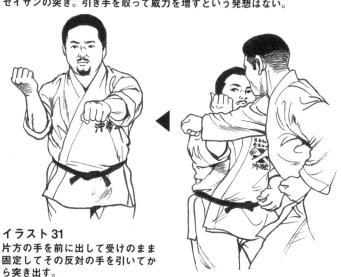

イラスト31
片方の手を前に出して受けのまま固定してその反対の手を引いてから突き出す。

①相手の手を受けて、そこから外さない（捕手の要素）
②相手の手を受けた状態を作り錯覚を作る（騙しの要素）
③相手の手を受けた手を固定・保持し、体の軸を外に出す（打撃力の要素）

一見すると「受けて突く」という動作に見えることが、沖縄拳法、古来の手の鍛錬の要素を理解し、それを養成するという概念の元に型を見ると、全く違うものが見えてきます。

①→相手との意識の接点を作り、そこに相手の意識、心、感覚を留めておく。
②→錯覚を作ることで、相手に何らかの反応、反射、意識のコントロールを主導して行う。
→先をとる。
③→攻撃に使う軸を任意の場所に作り出す。重心を軽く動かすことができたり、重さを生み出すことができる。
→遠心力の発生。
→求心力の発生。

こういうまとめとなりましたが、こうしてみると非常に複雑な原理と見えますが、実際には非常にシンプルでかつ広範囲に渡って技術として応用可能なものです。

継承と感謝

しかし、そこには個々の優秀さだけではなく、指導者が長年積み重ねてきたことのエッセンス、またはロイヤルゼリーのようなものだけを研究し、まとめ、わかりやすく後続に与えていった結果であります。

つまり、これは継承・継続・後進育成の結果であり、これこそが武道・武術の本質の表れであろうかと思います。そういうことには必ず「先人への感謝」という気持ちが生まれ、よりこの道は深まっていくものではないかと思います。

自分の先生、自分のために指導をしてくれる人への感謝。それなしに技術の発展も向上もありえなければ、今の高度な技術も生まれていないのです。ですから、その瞬間瞬間に凄《すご》い発見をしたとか、誰も見たことない技術だとか、自分の分析は凄いと思っていても、実際には多くの先人や研究者、指導者の積み重ねの上にあることであり、その方々、その意味への感謝の気持ちがない人が、「自分の成果」として語るものであったりします。

話は飛んでしまいましたが、このようにじっくりと執筆を積み重ね、私自身が継承し、実際にできる技術を分析した結果、多くのことが医学的にもバイオメカニクス的にも証明可能な事象であり、それは最終的には「手《てぃ》」を多くの人たちにも理解していただけるであろうという確信へと変わりました。

その中で、特に理解が難しい「夫婦手《めおとで》」に踏み込むことができるようになりましたが、その技術や理論を多少なりとも理解していただけたのではないかと思います。

前述のまとめの部分をさらに大きく理解し、そして体においてどのようなことが必要なのか。その理解と鍛錬は今の格闘技・スポーツに必要なことなのか。それらを見ていきながら、進めていきたいと思います。

なぜ夫婦手という「概念」なのか

理論というのは大きく総論、小さくは各論として考えて論じます。大きく全体を把握し、小さく細かいところを論じていく。技術も似たようなところがあり、さらにはその両方を理解するためには両方向からアプローチしなければいけません。というのは人間には技術を習得し、自分のものとするためには実は習得・習熟のためのメモリーの容量が決まっているということが問題となります。

また、なぜここで今回「継承と感謝」について書いているかというと、実は指導方法、習得過程において、師弟関係（場合によっては指導者と選手）の関係において、重要な「相互理解」ということがあります。その相互理解は指導者への敬意と、選手または生徒への理解、そして選手の指導者に対する信頼が必要です。それを繋《つな》げ、可能にしていることが「継承と感謝」なのです。その関係があってこそ、より高度な技術へと進めるのです。

そして、その指導の中で、**「先生が意図すること、意図する目的を生徒と共有**

することができるか」ということが含まれます。そして、それらは言い換えると次のＡ・Ｂというような、大きく二つの指導方法があります。

Ａ・枝葉末節にまで動作、動き意識をしてもらい、修正とフィードバックを繰り返し、その結果で成果を上げようとする。

例・蹴りを打つときは重心の位置を把握し、相手にどこまで届くかを調整するために、踏み込み位置、蹴りの角度、足を延ばすタイミングなどを意識して行う。

Ｂ・意図することを細かい理解と同意を得ぬまま、〝なんとなく〟で説明をし、トレーニングを進めていく。そしてその結果のフィードバックをさらに調整して結果を出していく。

例・相手に突きを打つとき、遠くに何かを触るように手を伸ばすようなつもりで行い、引手は高くカッコよく大きく弧を描きながら引くようにする。

実はこの点は夫婦手という概念と全く関係ないことではなく、むしろこの理解をすることが夫婦手とより多くの指導への重要な理解へと繋がると思われます。

ここでみなさんに知っていただきたい言葉で、「インターナルフォーカス」と「エクスターナルフォーカス」という言葉があります。これは人間の「運動学習」における考え方で、Aがインターナルフォーカスにあたり、Bがエクスターナルフォーカスになります。この二つは一見すると指導方法の違い、または細かく指導する時と大まかに説明する時、のように分けているように考えられていますが、技術の習得や再現、または実現性、向上に大きな違いができてしまう選択肢であり、この本質的理解がなければ選手によい結果をもたらすこともできないのです。

ではなぜ夫婦手とこの二種類のフォーカスの理解が必要なのか、次に説明していきたいと思います。

注意の容量

初心者には細かい指導と細かい修正が必要で、熟練者はその必要がなくなることを多くの指導者の方々が思っていらっしゃると思います。しかし、技術の習得においては実際にはそれほど細かい注意は必要なく、見よう見まねや、「握りをしっかり」や「もっと軽く」などのイメージによる一点注意などが効果的だったりします。これは初心者の持つ「理解力」は極々小さく一度に複数のことは理解できないからです。つまり受け皿となる「容量」の問題なのです。

結論から言うと、人は同時にいくつものことに反応し、思考することはできません。そのため容量というものが設定され、その人間の段階段階において決定されていきます。

簡単に言うと、一つの動作の練習（例えば、野球のバッティングなど）で、初心者に対して腰の回転、肩の入れ方、腕、手首……云々と、たくさんの注意点を与えると、一度にできる容量がオーバーしてしまい、結局は何一つ身につかない状態のままとなり、習熟が極端に遅くなってしまいます。

ところが、最初に「ボールをよく見るだけでいいよ」や、「まずは相手の腕をよく見て、投げるタイミングに合わせてみよう」などというような、かなりアバウトでもイメージと動作を一致させやすいことを教えると、意外と習熟が早くなります。

それから細かい点の修正をし、また大きなイメージでの一点注意の指導を行うことで、より高度な技術も習得可能になります。これがエクスターナルフォーカスの利点でもあり、人間本来の能力の引き出し方でもあります。

つまり、最初は最低限の注意点を守らせ、それを反復させることで「無意識下に落とす」ことをさせます。これが基本稽古の反復。その動作を実際に使うためには、「幾つかの注意点」でも多過ぎてしまうので、最初の段階で無意識にできるようにするということです。

これは、夫婦手における「技をかける方の手ではなく、その逆の手を動かす」「手を添え続けようとする」「両手を使って、両手を効かせて」ということとほぼ同じことで、実際にはその添えているだけの手は何ら相手に触れること

がなくても、その手を添えようとし続けるだけで相手に技をかけることができるようになります。

これは、日頃の鍛錬が必要ですが、その結果、シンプルな一つの注意点だけで技術を使うことができるのです。初心者のうちは幾つかの注意点を守る努力をし、無意識に落とし込むように数をこなし、容量がすぐいっぱいになってしまわないよう、シンプルな指導が必要となります。

だんだん、技術のレベル向上することで、いっぱいの注意点を無意識下に落とし込むことと同時進行で行われ、結果的に意識の容量はスペースが生まれ、他の意識すべきことも受け入れることができ、より高度に複雑化した動きも可能になります。

これは決して、筋力トレーニングでもなければ、コンビネーションの練習でもありませんが、技術の習熟と発展、そして最大の効果を活かすために必要な概念の一つであり、「夫婦手」もいわゆるこの概念と繋がります。

夫婦手の概念とは、いわば、「無意識に全身を強調させて動く」ということな

のです。

その鍛錬法が沖縄拳法の基礎、相撲、武器などの基礎鍛錬法そのものになっているのです。この事実が、沖縄拳法が泊手を受け継いでいる理由でもあります。そこには、型と基礎鍛錬、武器術を通して「夫婦手」を鍛えることができるという、非常にシステマティックであり、地道ながらも、確実に手に入れられるものがあるからです。

次に、その鍛錬法をいくつか紹介したいと思います。

間合いの変化で変わる鍛錬法

沖縄拳法では型を重視するということが知られているかもしれませんが、実際には多数の「対人鍛錬」が存在します。その鍛錬は型と併修《へいしゅう》する必要があり、どちらだけでも片手落ちとなります。

《相撲（角力）》

沖縄の古来より青年たちの力自慢、体力増強のために使われてきました。二人が向かい合って組み、両手は帯に巻きつけるようにして始まります。

これにより、体幹が触れた状態で相手の重心を奪い、浮かし、回転し、落とすという、投げ本来の動きを身につけ、それらは全身の協調でしかうまくいかないことを身につけさせます。

《押し合い》

少し離れた状態で手の甲と手の甲を合わせ、お互いに交互に、そして手が水平円を描くようにして回します。

これにより、骨格を揃えて動かすこと、力を足すこと、力を減らすことなどを学びます。手の力、腕力、伸筋の力のみに頼るのではなく、相手の力を自分の体を通し、「橋を架ける」基礎を学ぶ。これにより、相手を崩し、コントロールする力の基礎を作る。全身の連動した協調が必要で、これも夫婦手の大きな要素となります。

《型》

単に型を行うだけでは夫婦手の鍛錬にはなりません。立ち方の鍛錬を徹底し、立ち方の意識、注意点を徹底し、型の注意点を徹底して守ることがなければ、夫婦手の要素は手に入れることはできません。

《捕手》

捕手には夫婦手の要素を実際に使うという側面があり、ある意味基礎鍛錬でありながら、確認の作業でもあります。

《棒》と《サイ》

《棒》と《サイ》は、ともに両手の連動と全身の協調無しには振ることさえもできないことをすぐに実感するでしょう。ただし、少しでも使えるようになれば、全身の連動や全身の協調を感じ取りやすい稽古であることが容易に理解されることになります。
《棒》では両手を棒を介して等距離で連動し、《サイ》では体幹からサイの先までが背骨を介して連動していくことを確認します。

《棒》と《サイ》の両方が、「遠心性と求心性」、「夫婦手」の二つの重要な要素を磨き上げることができます。これは本当に優れた鍛錬法であり、地道な稽古とはいいながらも比較的結果が早く出るので楽しく稽古できます。

第3章

突きの本質、そして活用法

第3章は、突きの本質、そして活用法

「型をなぜ学ぶのか？」明確な目的を持ち、正しい注意点と正しい鍛錬法を積めば、「型の意義」が自然と理解され、先人の言葉が理解される。なぜそのようなことを伝えていく必要があるのか見えてくる。

目的も決めず、型を繰り返した結果、型の意義が理解されず、本質が失われる。そのような型が、結果的に広がったとして、残るのは「継承を軽んじる、軽薄な武術・武道の姿」でしかない。

第1節　沖縄拳法の原理と継承

単に威力がある打撃というだけではなく、相手を一撃必殺で仕留めるための智恵が沖縄拳法の打撃部位。どの部位をどのように打つことが効率よく相手を倒せるか、気づかれずに相手を倒せるか。「突き」の本質を理解しさえすれば、現代的な格闘技、競技、スポーツにも応用が可能であり、様々な対応が可能である。何代にも亘る研鑽を経たからからこその技である。

「伝統を受け継ぐ者」の義務

沖縄拳法の鍛錬では、武器を含めた鍛錬を行うことにより自然と「突き」の威力が向上するようになっています。一撃で倒せる威力だけではなく、最終的には急所を打ち込む技術を加えて一撃で人を殺傷する「突き」へと変化させることができます。つまり、沖縄拳法は「突き」の威力はあって当然、「突き」がどのように人を殺傷できるかも研究しつくしています。

しかし、この「突き」をどのように使うかはその時の環境、状況に応じて変化してゆきます。「二百年前にこの突きを使っていたから、今の時代でもそれでいい」という考えは、一見すると「伝統を守る」ように見えますが、私からすれば「突きの本質を理解していない」というように感じられます。

「当たれば人が死ぬ威力と聞いているから、この突き方を守ればよい」というだけで留《とど》まるなら、突きの威力が養われているかどうかは分かりません。机上の空論かもしれません。もしかしたら、強い突きではないのかもしれません。ただ単に急所を打っているから危険だと思いこんでいるだけなのかもしれません。

昔からのやり方だから「これが正しい」と思いこんで盲目的に鍛錬をし、相手を研究することもせず、もし競技空手の選手のような物凄いスピードと正確なコントロールで出された突きで、急所を的確に射抜かれれば、いとも簡単に倒されてしまうでしょう。

逆に、「突き」の本質を理解しさえすれば、現代的な格闘技、競技、スポーツにも応用が可能であることが明白となります。様々な対応が可能ですし、ある時代の最高の「突き」が別の時代の弱点であるということも見えてきます。しかし、「突き」の本質を理解するという取り組みをしない、できない、分からないのなら、それはただ単に「骨董品をありがたがっている」というだけの話となります。

「突きの本質」を理解し、「突きというもの」「攻撃というもの」「戦いというもの」を区別して、その「要素」だけを取り出し分類することができれば、あらゆるものに応用が可能となります。

ただし「突きの理解」にたどり着くためには「継承・鍛錬・試行」が行われ

なければなりません。何代にも亘《わた》る研鑽《けんさん》を経《へ》たからからこそ可能なのです。ですから、「突きの本質」を理解すること、それを応用することができるということこそが「伝統を受け継ぐ」ということになるのです。ゆえに、私は自ら「伝統を受け継ぐ者」と名乗り、鍛錬し、新たな試行をし、継承のために指導し続ける義務があるのです。

突きの物理的要素

私は今までに総合格闘技、伝統派空手、フルコンタクト空手など、打撃系格闘技の選手たちを指導し、その「突きの本質」から取り出した「要素」を、それらのルールの範囲内で活かせるよう、「適用」し、発展させた技術を生み出してきました。その中で、今回の本のお題である「突き」はそれぞれのルールにおいて、どのように適用されてきたのか、そしてどのような効果を生み出してきたのかを説明していきたいと思います。

まず、突きの物理的要素として、シンプルにあげられる一般的なものが次の

3つです。

①打撃力（衝撃力、威力）

②速度（打撃の速さ）

③回転力（連打の速さ）

そして、私はここにもう一つ追加して指導しています。

④決定力（打撃の正確性、相手の意識を奪う力、ポイントが明確に決まる）

最も難しいのは、最後の決定力ですが、これは多くの場合「打撃センス」や「当て勘」という才能のように言葉で片付けられたりしていますが、私はこれを「技術」の一つであると思っています。この打撃の技術について、どのようなことが行われ、どのような「決定力」を手に入れるか、他の格闘技へのアプローチを通して、その比較をしながら見ていきたいと思います。

打撃系格闘技における応用

打撃系格闘技においてはグラブによる要素が大きい差を生みます。私が指導している選手では、この打撃法で「相手の意識を相手が立ったままの状態で奪う」ことが可能となっています。まず、グラブによる違いから見ていきたいと思います。

・ボクシンググラブと総合格闘技で使われるグラブの違い

ボクシングのグラブは表面積の大きさと密着度の高さにより、相手に当たった時に強い摩擦力が発生します。また、密着の度合いにより相手の顔の筋肉や表皮だけではなく、頭蓋骨への振動を可能としています。

よく、脳を揺さぶられて気絶するというように思われていますが、ダメージで相手をふらつかせることができても、瞬時に意識を奪う程のことはできません。意識を奪うために必要なことは、頭蓋骨を頚椎《けいつい》の一番を軸にした回転を瞬時に行わせ、この頚椎一番への瞬間的なショックから脳がスイッチを切ってしまうことが必要です。これは、頚動脈洞反射《けいどうみゃくどうはんしゃ》とは違い、圧迫による時間を要せず、食らった相手の意識が一瞬落ちます。この技法と考え方は沖縄拳法においては秘伝の一つです。

ボクシンググラブでは、この密着を利用して、相手の顎《あご》、顔の右上部（テンプルと言われる付近より上）を打撃で引っ掛けるようにして打ち込むことにより、頚椎の一番へと瞬時の衝撃を生み出すことが可能です。

しかし、単に強いストレートを打てばよいか、というと実はそれほどのダメージが与えられないため、裂傷、まぶたを切るなどがあっても気絶するほどにまではいきません。そのため、適切なフォームを理解し、習得することはいうまでもありません。

一方、総合格闘技などで使われるＭＭＡグラブでは、ボクシンググラブとは逆に、ボクシングのフォームで打ち込んでも、さほど打撃力は伝わらず、さらには簡単にカットしてしまうので、一見するとすごいダメージを与えているように見えますが実際には表面にしか打撃が効いていないということが多々あります。そのため、グラブごとに打撃のポイント、打法を意識して切り替えて行かなければいけません。

・沖縄拳法における特殊な手刀の打ち方

基本的にはこの「意識を奪う」技法の理解は沖縄拳法においては手刀で磨かれていきます。**沖縄拳法の手刀は他流に類を見ない特殊な打ち方で、人間の首の構造をよく理解した上で作られた、必殺の手刀です。相手の首に斜め下から肩口をすり抜けるようにして頚椎の一番へと効率よく衝撃を伝えます。すると、当たった相手は一撃で意識を失います。**

私が宮里先生の指導を受けていたある時、先生は体育館の壁に立てかけた畳に打ち込む稽古をしていました。私が打っても音が鳴るだけです。しかし、宮里先生が打てば体育館全体が揺れるという、恐ろしい威力を目の当たりにしたことを覚えています。

そこに確実に相手の意識を奪うことができる部位に打ち込む稽古を積むこと

写真：宮里先生の手刀稽古。

で、この手刀は必殺のものとなっていきます。この手刀のみならず、他の打撃もただ単に威力があるだけではなく、相手を一撃必殺で仕留めるための智恵がこの技術から生まれたのが沖縄拳法の打撃部位、どの部位をどのように打つことが効率よく相手を倒せるか、気づかれずに相手を倒せるか、今私が指導している内容になっています。

古来、沖縄の「手《てぃ》」では上段突きという概念があまり在りませんでした。これは当時の文化状況、衛生状況を理解した上で考えれば見えてくることです。素手で相手の顔を攻撃するということは、相手の歯が拳に刺さる恐れがあるということです。そのため、顔の中心へと真っ直ぐ突くような突き方では拳に歯が刺さり、深い怪我をする恐れがあります。拳を歯で怪我することで、後に傷口からいろいろな菌などが入り、当時の衛生状況、または抗生物質などが無い状況では、たとえば破傷風《はしょうふう》菌により病気になってしまう恐れもあり、場合によっては手を切断、感染症による死亡の可能性があります。そのため、顔面攻撃では一本拳などで相手の人中、眉間など急所をピンポイントで打ち砕き、内部の血管を傷つけて絶命させる方法を鍛錬していました。

先ほど説明したＭＭＡグラブでは、表面を切ることができても、衝撃を相手の意識を奪うほどにはできません。そのため、的が大きく外れにくい、そして当てても怪我をしにくい胸部、腹部、急所を狙っていくほうがベターとなります。そして、顔の真ん中を狙えないのならば、どこを狙って意識を奪うかといえば顎《あご》をすぐ下からかち上げるような攻撃か、あるいは相手の側面を打撃する方法です。

このように、ただ単に「突き」で相手に攻撃するだけでも、上記のような状況を理解していなければ、指導もままならないことが分かると思います。

どの打撃法がいいか？　ではなく、今教えている相手がどのような打撃法を必要としているか？　どの打撃法を指導することが適しているか？　最低限このぐらいのことは考えてあげなければいけませんし、このような理解がなければ「昔はこうだったから、これが正しい」という、まさに「思考停止した指導」になってしまいます。

沖縄拳法の打撃法における特徴

打撃の方法論が生まれる背景には時代、ルール、身体能力の差など、様々ありますが、本質は197ページで説明した①〜④の内容になります。

私たち沖縄拳法では打撃力に関しては型や基本稽古で養い、③の回転力、回転速度に関しては型や武器稽古で手の速さを養います。そして、④の決定力に関しては基本稽古の中に埋め込まれた動きを使い、そして急所を理解し、適切にそこに当てるための「戦略・戦術」を受け継ぐことで、より高い決定力を身につけていきます。

まずは①の打撃力（衝撃力、威力）に関しては、沖縄拳法に伝わるナイハンチ、セイサンの型で身につけていきます。

続いて②の速度と③の回転力は沖縄拳法に伝わるサイ、棒の振りと型によって身につけていきます。

最後に④の決定力に関しては、基本の型、武器の型に織り込まれている戦略を、奥義を習得した継承者が少しずつ段階を追って伝えていくシステムになっています。

では、沖縄拳法における基本的な突き方、そして打撃の種類について書いていきたいと思います。この打撃法は既に多くの競技で証明してきたように、あらゆる面においてその原理と技法、戦略は応用可能です。そして、この沖縄拳法の打撃法における特徴的でかつ重要なポイント、それは意識せずとも型や基本稽古、武器の稽古で身につけることができるようになっているという点です。

具体的には、以下の三つとなります。

《打撃の衝撃力の強さ》
《起こりが見えない早さと、手の速さ・技の速さ》
《どのような状態からでも生み出せる力》

これらは、ただ単に筋力が強い、スピードトレーニングをしている、体幹が強いなどでは身につかない、「武術的」なことです。そしてその鍛錬と技術は、継承によってより強化されていきます。実際には「突き」だけを強化している わけではなく、戦いにおけるこの三つを全て強化し続けることができるのが、沖縄拳法に継承された「型と武器と鍛錬法」なのです。

そして、どんなに速く強い突きも相手に悟られては当りません。フェイントで見えづらくするのではなく、動き自体を見えづらくしなければなりません。また、打撃に威力がある、凄《すご》い突きだと思われては、相手は逃げてしまいます。沖縄拳法における型の中での突きは、実はよく見ると分かるのですが、段階的に行われています。

ナイハンチの中での攻撃技を分解して見ます（左ページ写真1）。

このように、ナイハンチの型の中で体に一番近い距離から、少しずつ遠くしていくようにして突きが伸びていきます。これにより、体幹部の近いところからだんだん遠いところまで攻撃しながらも威力が途切れず、重心移動が正しく行われ、打撃力が減らないように力を積むという発想と鍛錬を学びます。

また、ここから突きを一歩深くするために、両手と全身の連環を生み出す夫婦手《めおとで》の突きを身につけていきます。このための動作をセイサンの型で学び身

肘打ち

突き

両手突き

写真１
ナイハンチの攻撃技。

につけていきます。

このように、型というのはある技術に注目してみたとき、カリキュラムとして強化をしてくれるという側面があります。突きならば、ナイハンチの突きの流れから、セイサン（写真2）の突きの流れ、そしてクーサンクー、パッサイ、ニーセーシーという、高度な型へと順を追って理解を深められるように、そして汎用性を増していくように学んでいきます。

受けからの突き

写真2
セイサンの型の突きの流れ（208・209ページ）。

セイサンの構え

移動からの突き

下への突き

誘いからの両手突き

ここで一つ大事なことを書いておきますが、「型の目的が何か?」と問われたとき、具体的に「こういう目的です」と答えられないならば、それはなんの意味も持たない型でしかありません。なぜなら、意義がわかるからこその継承であり、意義がわかるからこその技術、鍛錬です。

ですから、型の鍛錬を積んで、偶然「こういう効果があります。こんなこともできるようになりました」ということではないのです。

目的も分からず、そういうことを繰り返した結果、型の意義が理解されず失われ、その目的に沿ったことしかできないことも分からないまま、流行りのことを良いところ取りしようとする人間が生まれます。これが、結果的に広がったとして、残るのは「継承を軽んじる、軽薄な武術・武道の姿」でしかありません。

また、その目的が分からないのも、そこまでの鍛錬を積んでいないからです。正しい注意点と正しい鍛錬法、明確な目的を持って鍛錬を積めば、自然と理解し、先人の言葉がなぜそのようなことを伝えていく必要があるのか見えてくるのです。

では、突きの理解の初歩であるナイハンチの突きの実際に格闘技における用法を、写真3～5で見ていただきたいと思います。

間合いの変化

写真3

写真3～写真5（211・212ページ）
ナイハンチの型攻撃技。

写真3は、間合いの変化。
①②遠い手刀の間合い。
③手刀からナイハンチ突きの間合い。
④セイサンの突きの間合い。

写真4は、角度の変化。
写真5は、用法の変化。

角度の変化

写真 4

用法の変化

写真 5

このように**重心の移動と流れ、そして型で養った「手から動く突き」を沖縄拳法の鍛錬法で強化することで「触るように」相手を倒せる突きが生まれます。**

また、突きだけではなく蹴りも同様に型で養われていきます。

また、さらなる強化及び自在に使えるようになるために、沖縄拳法ではサイと棒の鍛錬を積むことを行なっています（写真6・7）。

このように、沖縄拳法では型や武器術は全て、打撃に必要な要素を養いながら、

写真 6
サイで鍛錬をする若き日の山城辰夫先生。

写真 7
棒で鍛錬をする若き日の山城辰夫先生。

発展をしていくという流れを持っています。つまり、明確に型を行う目的、明確に戦う方法論、明確な成長理論が存在しているということです。また、沖縄拳法の師範である私は空手のルール別、競技別の打撃法も研究し、沖縄拳法の原理を使い指導しています。

第2節　沖縄拳法の応用と活用

沖縄拳法の基礎鍛錬から導き出される戦いの原理はフルコンタクト空手であれ、競技空手であれ応用が利く。

ここでは「突き」に限定したが、沖縄拳法の技術全てが大きな破壊力を有しているからである。競技空手では直接打撃はしない、それは「寸止め」ではなく、「制御（コントロール）」という考え方である。当てて倒そうと思えば倒せる力があるが、ルールと安全性を考慮し制御しているのである。ゆえに、制御した打撃は破壊力を有していなければならない。

沖縄拳法の理論があらゆる身体運動にインパクトを与え、実践的に活用されることを夢みて。

フルコンタクト空手への応用

まずはフルコンタクト空手に対して応用した突きの例をご紹介します。

フルコンタクト空手の試合において、私なりに選手とともに研究分析を行った結果、フルコンタクト空手の試合において、突きに限り重要なことが見えてきました。

フルコンタクト空手の試合において重要なことは打撃力ではありません。重要なことは、

《限りなく少ないエネルギー消費量で、何回戦もこなせるだけのエネルギーを保持し続けること》

《少ないエネルギー消費量で、最大の効果を持つ突きを打つこと》

《無意識でも出せるほど、それを身につけること》

《蹴りなどへの他の打撃への連携がしやすいこと》

となります。

特に年齢が高くなってからの大会出場や、若い人たちと戦う際に多くの人がウェイトトレーニングによるパワーアップやバルクアップを行い、その結果、試合中にスタミナを消耗してしまい、せっかく身につけたパワーによる打撃が生かせなくなり敗退することを多く見てきました。理由は簡単で、筋肉量が多くなれば自然とエネルギーの消費量も増えてしまいます。

また、筋肉の増加量に応じて呼吸量が増えるため、長時間動けば酸欠状態にもなります。マラソン選手や長距離走の選手が使う筋肉と、筋肉量と筋力を重視したトレーニングは全く逆なことを行なっているのですから、自然と持久力が落ちてしまうことはお分かりになるとおもいます。つまり、ウェイトトレーニングがダメなのではなく、何を指標にしてトレーニングを積むべきかが見えていないことが問題なのです。

私が提案するフルコンタクト選手が行うべきトレーニングの指標は次のようです。

《疲れない体》
《疲れずに打ち続けられる打撃》
《最小エネルギーで最大の効果のある打撃》

この指標を手に入れることを目指す必要があるのです。

これらをトレーニングで身につけるのではなく、沖縄拳法の打撃理論から導き出すと、次のようなものを手に入れるための打撃法を作り出すことができました。

①強烈な打撃力がある。
②エネルギー消費が少なく、疲労が溜まりにくい。
③自在な角度で打てる。
④習得が簡単である。

この四つのうち、先ほども述べたように特に重要なことは②の持久力であり、試合をトーナメントで重ねて行くうちに、打撃力が落ちてしまわないためにも重要なポイントです。しかし、持久力だけ鍛えていけば体の筋肉量は増やせず、打撃に必要な筋力をも高めることができません。

沖縄拳法ではもともと筋力の増強による打撃力の向上を目指しておらず、正確なフォームと打撃の原理、重心移動の原理を利用した突きなどで打撃力を生み出しています。そのための沖縄拳法の基礎鍛錬から生み出した打撃方法が、次のページの写真8で見るような基礎練習から生まれました。

このように、拳をひねるでもなく、腕力を駆使して突きを思いっきり打ち込むこともなく、ただ体の真ん中からまっすぐ手を出すこと。ただそれだけで、強く重い突きが生まれます。そして何より、疲労が少なく、最小のエネルギーで最大の打撃力が生み出されるため、何回戦も試合をこなしても威力が衰えることはありません。

これらの突き方は、基礎の打ち方を身につけることにより、より簡単に様々な角度から打ち出すことが可能となります。

構え

突き方

写真 8
拳をひねるでもなく、腕力を駆使して突きを思いっきり打ち込むこともなく、ただ体の真ん中からまっすぐ手を出すこと。
「手の先」を手に入れれば、立ち方にこだわることなく自然に「手の先」の動きが行え、一見すると足腰から動いて見えても、結果的に「手の」先による重心移動が自然とできるようになる。

ここに使われている沖縄拳法の突きの原理は「手の先《せん》」です。この「手の先」の原理は、沖縄拳法のすべての打撃に使われている原理で、蹴りや武器の稽古さえもこれを基にして生み出されています。

沖縄拳法ではナイハンチやセイサンの型において、厳格に守らなければならない注意点の一つに「立ち方を崩さない」ということがあります。なぜ立ち方を崩さないのかというと、もし立ち方をおろそかにしたり自由にさせたりしてしまうと、手から動くという動きができなくなってしまうからです。

手から動くという動きは一見すると「手打ち」のように見えますが、重心を滑らかに行え、大きな重心も簡単に動かすことができる最も効率の良い方法です。この立ち方を守り、立ち方を崩さずに型の鍛錬を積むことで、「手の先」を手に入れます。

「手の先」を手に入れれば、立ち方にこだわることなく自然に「手の先」の動きが行え、一見すると足腰から動いて見えても、結果的に「手の」先による重心移動が自然とできるようになります。

このように、一見すると軽い突き、手打ちのように見える突きですが、重さがあり、技の起こりも見えにくく、筋力をほぼ使わずに骨格の移動、重心の移動により、想像以上の打撃力と、ほとんど疲労を伴わない連打を続けて行うことができるようになります。

これら紹介した動きは、その動きを行うだけでその瞬間から打撃力が向上します。そして、沖縄拳法の鍛錬はそれをさらに引き上げて行く、エレベーターのような役割を果たしています。

競技空手の突きへの応用

最後に、競技空手の突きへの応用を紹介していきたいと思います。

競技空手において求められる突きは、「速さ」と「早さ」であり、打撃力ではありません。しかし、競技の性質上、この「速さ」と「早さ」を「攻撃力」と捉えてもいいと思います。この攻撃力にも沖縄拳法における「手の先」を生かすことができます。

《競技空手の攻撃力に生かす「手の先」》

この「手の先」が「速さ」と「早さ」の二つをもってして「攻撃力」という言い方には意味があります。

【速い】物事の進む度合いが大きい。動作・進行などがすみやかである。「足が━・い」「返事が━・い」「流れの━・い川」「のみこみの━・い人」⬇反対：遅い。
【早い】ある基準より時間があまり過ぎていない。また、ある基準より時期が前である。「朝━・い電車に乗る」「━・いうちに手を打つ」「卒業が一年━・い」「梅雨入りが━・い」⬇反対：遅い。（＊デジタル大辞泉より参照）

まず、この「速さ」という漢字がどのようなことに使われているかを考えてみるとわかるように、速度という言葉に使われているように、「時速」などの絶対速度を表しています。しかし、もう一つの「早さ」を見ていると、これは時期的なもの、準備の段階を表しています。

ここからもわかるように、二つの意味合いは似ているようでいて全く別のものです。しかし、武術においてはこの二つの《速さ／早さ》が、相手との戦いを制する重要な要素となっています。

まず、「速さ」に関してですが、一般的には筋力の話となってしまいます。つまり、手を伸ばす速度のことを表し、拳が構えから相手に届く速さのことを表していると思われます。

一般的にはこの部分がクローズアップされ、速度を上げるためのトレーニングを主体としていると思われます。そのため、筋力を向上せるトレーニング、または瞬発力を上げるためのトレーニングを中心としているでしょう。

そして、早さに関しては「ノーモーションを心がける」に留まることでしょう。しかし、**沖縄拳法ではその「早さ」の方を重視するために、型と基礎鍛錬を作り上げていると言っても過言ではありません。**

《「手の先」を利用した突きの方法》

写真9右（①～③）と左（④～⑥）はどちらも上段への刻み突きを行っています。

写真9

右（①〜③）は、間合いを詰める動きが入るためいくら「速く」動いても見切られる可能性が高い。

左（④〜⑥）は、構えた状態から突くことと移動が同時に行われるため相手は反応できない。

右は一旦間合いを詰め、高速で突きを放っています。一方、左は、相手の動きに反応し間合いを詰めることと突きをが同時に行われています。左の場合、仮に「速い」突きでなくとも動きのタイミングが「早い」ため、受け側は、超高速で突かれていると感じます。人は相手の突きや攻撃を目で完全に捉えているわけではありません。人は相手の体のアウトラインを見て、それが崩れた時に「何か仕掛けてきた」ということを察知します。

同様に写真10は、右（①〜④）の上段への逆突きは、一旦順突きでフェイントを掛けてから逆突きに入っています。いくら手の速さが上がって、踏み込みの速さが上がっても、相手に「踏み込んできた」というのが悟られてしまうと、いとも簡単に対応されてしまいます。（逆にそれを利用して、「踏み込みを見せて」その裏をかくという方法もありますが）

一方、左（⑤〜⑧）は、仕掛ける部分がカットされているため、相手は反応できません。

写真 10
写真９と同様に、上段逆突きの入り方の違いで「早さ」が違う。

「手の先」を利用した突きの方法

写真11は、このように、構えが独特ですがこの構えにより肩の動きを消すことができます。肩はアウトラインを作る重要な要素であるために、ボクシングではフェイントに使ったりしています。

しかし、競技空手のようなコンマ数秒の争いの世界では、その肩の起こりさえも見抜かれてしまいますが、逆にその起こりを無意識に見て判断しているので、それを利用した動きを使います。

この時、手から動くという動作を普通はできないので、沖縄拳法の原理を突きの面に関して必要な要素だけ取り出し、応用していきます。それにより自然と手から動く動き、「手の先」を手に入れることができます。これは準備の面での「早さ」になるので、普段のトレーニングで身につけている「速さ」と沖縄拳法の原理における「早さ」の二つを身につけることで、相手に悟られにくい、そして筋力だけではなく動きの質として「早い」攻撃を身につけることができます。

写真11
この構えにより肩の動きを消すことができます。肩はアウトラインを作る重要な要素であるために、ボクシングではフェイントに使ったりしています。

そして、この動きは実際に打撃を当てる場合にも有効で、重心の移動が滑らかに行われるので、「当てて人を倒す」打撃でもあります。ですから、私が指導している伝統派空手の組手選手たちは、「当てない技術と早い動き」そして「当てれば倒せる力」の両方を持っていることになるのです。

そして、そこから導き出される伝統派空手の組手スタイルは、私が思うに「寸止め」ではなく、「制御（コントロール）」という考え方になります。当てて倒そうと思えば倒せる力があるが、ルールと安全性のことを考慮し制御（コントロール）している打撃になるということです。それにより、「攻撃力」という表現を使っているのです。

伝統は組手の打撃力の練習法としては、体をいかにして滑らかに使うか、瞬間の動きにどれだけの意味を込めることができるか、そこにかかっていると思います。

以上のように、突きに限って紹介しましたが、突きに限らず全ての打撃力、体の動き、より高度な力を手に入れる方法が沖縄拳法には存在します。しかし、私のように三歳から空手を受け継ぐために積み重ねてきているわけではないので、この方法論はシンプルに「要素」だけを取り出したものとして見ていただけたらと思います。

その「手《てぃ》」に受け継がれる「戦いのための要素」の集合体から私がこれらとそれ以外の高度な戦いの動きを可能にするための鍛錬が沖縄拳法には存在します。その習得と応用に関して、より新しいものを生み出しました。これが、私が最新の情報と伝統の蓄積から生み出した新しいトレーニングでもない、体操でもない技術、「手（tee）BODY WORK」です。

「手（tee）BODY WORK」とは

これは沖縄拳法、そして代々受け継がれてきた手（てぃ）から生み出された技術で、合理的な体の操作法とそれによる神経刺激、骨格動作の変化とバランスの変化により、最小の運動で「欲しい動きを手に入れる」ことができるようになります。

これはどの格闘技だとかスポーツだとかに決まりはなく、「求める動き」さえはっきりしていれば、動作法により神経への刺激と本能の力を引き出すことができるようになります。

たとえば、伝統派空手であれば突きの速さを向上させ、変幻自在な蹴りを使えるようになり、今まで上手できなかった上段蹴り、裏回し蹴りを手に入れることができるようになります。

もちろん、基礎的な能力体力はあることに越したことはありませんが、その上でより高度な動きを手に入れることが可能になる技術でもあります。初心者が上級者のような動きを手に入れるための動作法であり、上級者がさらに高度な技術を身につけるための方法でもあります。

そのたくさんあるボディーワークの中で、代表的三つの動作法を次のページから3ページに渡り紹介しました。(写真12)

オープンフォールディング

チェーンムーブ

写真 12（232-234 ページ）
「手（tee）BODY WORK」。
動作法により神経への刺激と本能の力を引き出すことを目的として考案された。
これらはいわゆる筋力トレーニングでも、ストレッチング、体幹トレーニングでもない「動作法」である。

クローズドスイング

これらの三つの動きが基本となり、蹴りや突き、ステップ、反応反射、動作の改善等を行なっていきます。現在はこの技術を伝統派空手の組手選手に指導したり、フルコンタクト空手の選手たちに指導し、比較的短期間で顕著な成果を上げています。

これらはいわゆる筋力トレーニングでも、ストレッチング、体幹トレーニングでもない「動作法」です。

これらの動作は体幹部への連動から人間の本能の力への刺激が行われることがわかっていて、いわゆる小脳へのアクセスを可能とする動作となります。

この動作法により、自分の最適な動作を手に入れることができるようになり、そこから筋力向上を目指せば、さらなる上達も可能となります。

私は選手たちとの共同研究を進めることで、人間の能力を引き出していく方法論を確立してきました。これにより、どのスポーツ分野でも応用が可能な動作法を作り上げていくことができました。２０１７年10月からスタートした「手(tee) BODY WORK」ですが、さらに簡易で応用可能な動作を作り上げていくことでしょう。

あとがき

これら本書に掲載したことは、全て普通に沖縄拳法の稽古で最初に習い、積み重ねて行く稽古です。この基礎の稽古を積むことなしに、沖縄拳法・泊手の極意は理解することも、真似ることもできません。

私が宮里寛先生のご自宅でのご指導をいただき10年目、最後の最後で「極意」を教えていただく日を迎えました。

その日、私がその極意を受け取って、感じたことは「なんだ、これはいつも稽古していることではないか」ということでした。

しかし、それはいわゆる強固な宝箱の鍵のようなもので、鍵がなければ決して得ることのない宝物でした。空手に極意はないと言われますが、沖縄拳法、泊手には確実に極意があります。

その極意は今回の本の内容だけでは語りきれないものがあり、実際に体験してもらいながらでしか説明しきれないものもあります。

沖縄拳法は常にその時代の最先端を学び尽くし、自らの血肉に変えて、代々積み重ねてきました。その伝統と歴史は空手の最古の歴史から続いています。多くの人たちにその一端を触れていただきたく、私は活動を続けてきました。

競技空手への指導、総合格闘技への指導、その他多くのスポーツ選手たちへの指導を通し、沖縄の「手《てぃ》」が遥か昔から鼓動をつなぎ、今の時代の最先端まで伸びてきていることを実感しています。

私たちの空手は骨董品の皿ではありません。生きた器なのです。その器を、皆さんもぜひ一度体感していただきたく、私は今後も沖縄拳法の普及と発展に努めていきたいと思います。

山城美智

▼篠原浩人
生年月日：1989 年 6 月 2 日
出身地：大阪府
身長：175cm
体重：70kg
2017 年　世界空手連盟 KARATE1 シリーズ A 沖縄大会　優勝
2015 年・16 年　全日本空手道選手権大会　準優勝
2016 年　世界空手道選手権大会団体　準優勝
2014 年　アジア競技大会　優勝
2014 年　世界空手連盟 KARATE1 プレミアリーグ沖縄　優勝

▼森　優太
生年月日：1994 年 4 月 28 日
出身地：神奈川県
身長：180cm
体重：75kg
2017 年　世界空手連盟 KARATE1 シリーズ A 沖縄大会　準優勝
2017 年　アジア空手道選手権大会団体　銅メダル
2016 年　世界空手連盟 KARATE1 プレミアリーグ沖縄　優勝

■撮影協力

▼菊野克紀
生年月日 1981 年 10 月 30 日
出身地　鹿児島県
身長　169 センチ
通常体重　78 キログラム
趣味．漫画を読む
柔道二段、極真空手初段、沖縄拳法空手一級、
テコンドー初段
総合格闘技第 5 代 DEEP ライト級チャンピオン
巌流島全アジア武術選手権大会 優勝
全日本テコンドー選手権大会 準優勝

世界のトップを目指すにあたり自分の素質では他の人と同じことをしてては辿り着けないと感じいろんな武術を研究する。試行錯誤している時期に縁あって山城美智師範のセミナーに参加し、その突きを喰らって衝撃を受け、弟子の突きの威力も凄いことからその再現性に感動して即師事した。

著者略歴
山城美智（やましろ・よしとも）
1976年12月11日生まれ。宮里寛先生より「手《てぃ》」を継承した父・山城辰夫に、幼少の頃から指導を受ける。沖縄全島から集まった各流派、沖縄拳法の選手が参加して行われた「全沖縄防具付組手空手道選手権大会」にて、1992年 第三回、1993年 第四回大会で優勝。第一回大会準優勝（優勝は実兄）。1990年「第一回 世界のウチナーンチュ大会 空手道・古武道世界交流祭」に演武参加。琉球大学にて「沖縄拳法古武道部」を設立。初代部長となる。父、山城辰夫の師匠である宮里寛先生より、沖縄拳法の指導を受け沖縄古来の「手《てぃ》」を継承する。現在、沖縄・関東・関西・アメリカ・カナダ・オーストラリア等で稽古会・講習会などを主催。沖縄拳法の普及・継承を目的として活動している。

表紙デザイン：松下尚道
イラスト（第1章）：鴨林源史

泊手突き本

2018年 6月 12日　第1版第1刷発行
著者：山城美智

発行：株式会社チャンプ

〒166-0003 東京都杉並区高円寺南 4-19-3　総和第二ビル 2F
TEL 03-3315-3190　FAX 03-3312-8207

◆印刷　Printed in Japan
シナノ印刷株式会社
〒171-0014 東京都豊島区池袋 4-32-8
TEL 03-5911-3355　FAX 03-5911-3356

ISBN978-4-86344-019-7